中国金融稳定机制研究

Research on China's Financial Stabilisation Mechanism

江晶晶◎著

经济管理出版社

ECONOMY & MANAGEMENT PUBLISHING HOUSE

图书在版编目（CIP）数据

中国金融稳定机制研究/江晶晶著 . —北京：经济管理出版社，2022. 11
ISBN 978-7-5096-8821-2

Ⅰ.①中…　Ⅱ.①江…　Ⅲ.①金融机制—研究—中国　Ⅳ.①F832.5

中国版本图书馆 CIP 数据核字（2022）第 221000 号

组稿编辑：赵亚荣
责任编辑：赵亚荣
责任印制：黄章平
责任校对：陈　颖

出版发行：经济管理出版社
　　　　　（北京市海淀区北蜂窝 8 号中雅大厦 A 座 11 层　100038）
网　　址：www. E-mp. com. cn
电　　话：（010）51915602
印　　刷：唐山玺诚印务有限公司
经　　销：新华书店
开　　本：720mm×1000mm/16
印　　张：10. 5
字　　数：182 千字
版　　次：2022 年 12 月第 1 版　　2022 年 12 月第 1 次印刷
书　　号：ISBN 978-7-5096-8821-2
定　　价：68. 00 元

目　录

1　绪论 ·· 1

1.1　问题的提出 ··· 3

1.2　本书的写作意义 ··· 5

1.3　本书的研究思路 ··· 8

1.4　本书的研究方法 ··· 9

1.5　本书的结构安排 ··· 10

1.6　本书的创新与不足 ··· 12

1.7　本书的理论假设 ··· 14

    1.7.1　效用最大化是经济主体的行为决策目标 ················· 14

    1.7.2　国家是市场交易活动的参与者 ·························· 18

2　中国金融稳定的关键因素 ·· 21

2.1　中国金融体系的"看似矛盾" ··· 23

2.2　西方论调中的中国金融体系 ··· 27

    2.2.1　中国金融稳定之"悖论" ······························· 27

2.2.2 针对中国金融稳定悖论的几个追问 ·················· 29

3 金融稳定：既有理论及其缺陷 ·························· 31

3.1 金融稳定为什么重要 ···························· 33

3.1.1 金融稳定的正面意义 ······················ 34

3.1.2 金融不稳定的负面影响 ···················· 39

3.2 如何定义金融稳定 ······························ 42

3.2.1 金融体系不稳定的视角 ···················· 43

3.2.2 金融体系稳定的视角 ······················ 46

3.3 什么因素影响金融稳定 ·························· 51

3.3.1 宏观视角 ································ 51

3.3.2 竞争视角 ································ 52

3.3.3 传染性视角 ······························ 55

3.3.4 制度视角 ································ 56

3.3.5 责任视角 ································ 57

3.4 如何评估中国的金融稳定 ························ 58

3.4.1 中国的金融体系究竟有多稳定 ·············· 59

3.4.2 什么决定了中国金融体系的稳定 ············ 61

3.4.3 如何在经济全球化背景下保持中国的金融稳定 ·· 63

3.5 既有理论是否适用于解释中国金融稳定问题 ········ 64

3.5.1 金融体系稳定与金融供给体系稳定 ·········· 65

3.5.2 金融稳定与金融均衡 ······················ 66

3.5.3 研究视角与政策意图 ······················ 69

4 中国金融稳定悖论：理论分析 ·························· 71

4.1 金融市场均衡视角：金融不稳定 ················ 73

　　　　4.1.1　金融均衡与金融稳定 ································· 74

　　　　4.1.2　金融非均衡与金融不稳定 ·························· 79

　　4.2　中国金融制度均衡 ································· 85

　　　　4.2.1　中国金融供给概况 ································ 85

　　　　4.2.2　中国金融需求概况 ································ 89

　　　　4.2.3　制度均衡下的中国金融稳定 ···················· 97

5　中国金融稳定的绩效：经验研究 ················· 99

　　5.1　中国金融稳定的维持效果 ·················· 102

　　　　5.1.1　市场均衡视角下的金融体系稳定评估 ··········· 102

　　　　5.1.2　制度均衡视角下的金融体系稳定评估 ··········· 108

　　5.2　中国金融稳定的维持成本 ·················· 114

　　　　5.2.1　模型与数据 ································· 114

　　　　5.2.2　模型的相关检验 ······························· 117

　　　　5.2.3　模型设立与回归结果 ························· 119

6　中国金融稳定的市场逻辑 ················ 123

　　6.1　中国金融体系的现状 ···················· 125

　　　　6.1.1　体制外因素 ································· 125

　　　　6.1.2　长期维持 ································· 127

　　　　6.1.3　高成本 ····································· 127

　　　　6.1.4　模型解析 ································· 128

　　6.2　市场化：强化中国金融体系的稳定性 ··········· 135

　　　　6.2.1　市场化对中国金融体系新增体制外风险的克服 ··· 135

　　　　6.2.2　市场化与中国金融体系长期稳定要求的契合 ······ 137

　　　6.2.3　市场化对中国金融体系稳定成本问题的应对 ……………… 137

　　6.3　中国金融稳定：市场均衡与金融稳定的统一 ……………………… 137

7　结语 ………………………………………………………………… 141

参考文献 ……………………………………………………………… 147

1

绪　论

1.1　问题的提出

中国的金融体系一直表现得格外稳定，在金融体系内部，金融活动的参与者总是对国内金融机构十分信赖，金融活动也开展得井井有条。当金融危机席卷全球时，有些国家的金融机构由于不堪动荡而轰然倒闭，甚至金融体系整体崩溃；在同样恶劣的全球经济形势下，中国金融体系却依然保持稳定。无论是中国金融体系自身表现出的可信赖性，还是在与其他国家或地区金融体系对比之下表现出的非同寻常的抗冲击能力，都已引起人们的关注，人们不禁要问：中国的金融体系缘何如此稳定？对中国金融体系的稳定性进行正式探索和研究已经势在必行。

单从现象上来看，中国金融体系一直保持着稳定状态，但是，中国金融体系所处的经济环境却经历着改变。中华人民共和国成立伊始，中国金融体系的运行基本处于国家的主导之下，直至1978年改革开放，中国金融体系开始经历市场化，随着1983年中国人民银行独立行使中央银行职能、1995年《中华人民共和国商业银行法》颁布实施、2003年国有商业银行股份制改革正式启动等，中国金融体系运行环境逐步开始市场化。中国金融体系所处的经济环境从最初的国家主导到市场力量逐渐崭露头角，中国金融体系在不同的经济环境下能否以相同的模式保持稳定？

事实上，随着中国经济市场化的推进，中国金融体系在一直以来的稳定性表现背后却隐藏着不同的稳定性实质，国家主导的金融体系的稳定和市场力量逐步增强的经济环境下金融体系的稳定具有相同的稳定现象、不同的稳定维持机制以及随之产生的不同的稳定维持成本。对于中国金融体系来说，市场化的逐步推进是客观经济环境，稳定状态的长期维持是目标，同时还面临着维持稳定的成本约束，因此中国金融体系的稳定实质上是一种动态的稳定，市场化进程推动着中国金融体系在市场力量的逐步参与下以更低的成本维持长期的稳定。

中国金融体系表现出的高度稳定性现象也引起西方经济学者的关注，不同的是，西方经济学者不是对中国金融体系长期稳定的探究，而是对中国金融体系稳定现状的直接提问。他们的探究不仅来自对现象的感受和对比，还产生自理论与现实的矛盾，他们眼中的中国金融体系存在一个悖论。一方面，单从现象上看，中国的金融体系表现出了超乎寻常的稳定性，中国的金融机构乃至整个金融体系在面对全球经济危机的时候不仅能够保持自身稳定，而且还有余力帮助其他国家维护其金融体系的稳定性，甚至《巴塞尔新资本协议》在第三版的修订中借鉴了中国金融稳定的经验。另一方面，从理论上看，中国金融体系的稳定性似乎难以被西方经济理论所解释。

在西方主流的新古典理论标尺下，市场是备受推崇的资源配置方式，金融服务的供给与需求在市场机制下可以在短时期内达成均衡，而新古典标准下的中国金融体系带有部分计划性质。即中国金融体系的供给并非完全由价格决定，还有国家主导的因素；同时需求基本由价格决定，形成于市场的主导。决定机制不同的金融供给与需求之间难以得到协调，更不可能迅速地收敛于一个均衡点。均衡是稳定的必要条件，难以达成均衡，甚至连均衡的达成条件都不明晰的金融体系怎么可能保持稳定呢？

这似乎就是中国金融稳定的关键因素：现实中的中国金融体系是稳定的，而理论上的金融稳定不可能存在于一个难以协调供求的金融体系中。本书以中国金融体系当前的稳定性探究为出发点，考虑到中国金融体系良好的稳定性现象与西方主流经济理论存在相悖之处，且既有理论存在一定的适用性问题，因此建立了一个新的分析思路对此进行解释。

本书选择中国金融稳定作为主题，试图从一个新的视角分析中国金融稳定的关键因素，厘清中国的金融体系在过去与当前得以维持稳定的原因；对中国金融体系的稳定机理进行深入剖析之后，再对中国金融体系当前的稳定状态进行辨析：截至目前，中国的金融体系究竟只是暂时呈现出稳定状态，还是达到了真正的、长期的稳定？如果过去与当前的稳定状态在将来难以为继，那么是什么原因影响着稳定的可持续性？是否存在化解之道？本书旨在认清西方经济学者所谓中国金融稳定悖论的基础上，回答一系列层层递进的追问，最终解开中国金融保持稳定的关键因素。

1.2　本书的写作意义

中国金融稳定机制中包含了稳定、金融和中国三个值得研究的大命题，看似简洁的选题中包含了丰富的内容。从理论层面上来讲，研究中国金融稳定的关键因素不但是对西方经济理论框架下金融稳定悖论的回应，更重要的是，为中国金融稳定机制研究提供一个新的思路。从现实层面上来讲，厘清中国金融体系达成稳定的原因有助于中国金融在保持原有优势的基础上顺应经济发展趋势及时调整，力争达成金融体系的长期稳定，同时也为其他国家构建稳定的金融体系提供一个有益的借鉴。因此，研究中国金融稳定问题具有丰富的理论与现实意义。

本书的选题涵盖了三个关键要素，因此本部分将按照稳定、金融稳定、中国金融稳定的顺序层层递进地论述中国金融稳定命题所具有的理论意义。首先，稳定是一个不容忽视的命题，虽然主流经济学理论一直以来更偏重于以效率作为资源配置的标尺，甚至稳定的达成有时被认为需要以牺牲效率为代价，但在大多数经济主体的偏好集中，也确有"稳定"的一席之地。事实上，稳定与效率并非两个完全独立的评判指标，它们之间也不矛盾，效率追求的是以最小成本达成某种均衡状态，稳定则可以看作对一种状态的维系，得以成功维系的状态就可以看作某种程度的均衡。

其次，稳定与效率并不相悖，它们之间甚至能够达成一种统一。稳定的状态不一定有效率，但持续地保持有效率的状态就是一种稳定。效率是对均衡状态的追求，稳定是对一种状态的维系，如果在效率所追求的均衡状态上增加一个时间的维度，能够持久维系的均衡就是一种稳定状态。短暂甚至瞬间的均衡是不够的，能够维系的均衡才更有意义，同时，经济主体不仅追求单独的稳定状态，而且希望各个变量都收敛于稳定的状态，稳定问题尤其是整个系统的稳定问题是十分重要的。因此，稳定与效率一样，也是一个值得研究的命题，对于一种稳定的状态，我们需要区分它是否稳定于一个得以维持的均衡状态，并研究它如何从偶然的稳定状态发展为长期的稳定状态。

最后，中国的经济金融问题已成为各国学者研究的热点，金融稳定是经济理论亟待解决的重要问题，中国的金融稳定问题更是值得研究的特殊命题。发展中国家的经济问题吸引了各国科研机构和学者的关注，并由此诞生了诸如发展经济学、转轨经济学等专门的学科。中国自改革开放以来，经济增长速度几乎每年都保持在10%左右的水平，连年高速的经济增长发生在如此大国是史无前例的，中国的经济问题具有更加独特的关注点。加之中国金融体系一直保持着稳定状态，且存在一个西方经济学理论所难以解释的悖论，因此，中国金融稳定的"看似矛盾"亟待一个新思路对其进行系统深入的解释。本书试图继续沿着西方主流经济学的分析框架对中国金融稳定问题进行描述，并在制度金融学的视角下为中国金融体系的发展做一个展望，在此过程中对一系列与之相关的层层递进的问题进行解释。

研究中国金融稳定问题不仅具有重要的理论意义，而且就其现实意义来看，也具有深远的研究价值。本书试图探讨的问题关乎整个国家金融体系发展的稳定性，也为其他国家和地区构建稳定的金融体系提供了经验。一方面，稳定的金融体系是一个国家或者地区甚至全球稳定发展的重要条件。金融体系是整个经济系统不可或缺的重要组成部分，金融活动使资金能够在不同时间、不同地点以及不同经济主体之间进行配置，资金的跨地区快速流动有助于降低交易成本，资金跨时点配置也为经济主体提供了以小博大的杠杆，使经济主体有可能以当前有限的资源满足更多的需求，促进交易的达成。金融活动由于能够顺应经济主体的偏好而得以发展扩张，从而将金融活动所涉及的各个主体、时间和地点联结成一个网络。只有形成并维护稳定的金融交易规则、构建成熟的金融体系，并在金融体系中进行有序的金融活动，才能在经济中充分发挥金融活动的正面作用，稳定的金融体系有助于促进自身的成熟与完善，进而维护一国或地区乃至全球经济的稳定发展。

另一方面，金融体系的稳定一旦出现问题，则整个经济的稳定性都将受到牵连。金融活动已经遍及经济体的各个角落，它的存在为经济主体的交易带来了便利。同时，由于金融将不同时间、不同地点连成一个网络，因此金融活动的参与者不得不受到网络中其他参与者的影响，金融网络中一个节点出现的问题可能影响网络中的不同时间或地点。金融体系的不稳定所导致的资金在时空上的不当配置可能牵涉整个经济的宏观风险，风险会通过金融活动的杠杆效应数倍地扩大，同时还会通过遍及各地的金融网络迅速蔓延。金融网络的形成给经济体添加了一个共同的系统风险，增加了整个经济体的潜在风险诱因。金融的影响范围如此之广、影响力如此之大，以至于金融体系的稳定变得格外重要，因此对金融稳定的要求应该细致，金融体系中任何细小的问题都值得关注和解决。

在中国，金融体系的稳定已经成为一个被普遍关注的热点问题，中国金融体系即便在面对全球金融危机时也能表现出良好的稳定性，同时，这一现象又难以被西方经济学理论所解释，中国金融体系似乎不具备一个稳定的金融体系所应有的条件，这其中"看似矛盾"的现象需要一个合理的解释。中国的金融稳定现状是偶然还是必然的呢？这是中国特殊背景下形成的不可复制的结果，还是能够总结经验从而为其他国家或地区所借鉴的呢？中国金融体系的稳定能否持久？关于中国金融体系稳定性的环环相扣的一系列问题都是关乎整个国家金融体系构建与发展的合理性与科学性的重要议题，中国金融稳定机制研究将为中国金融体系的完善乃至全球金融体系的构建提供重要的参考作用。

1.3 本书的研究思路

本书的研究对象是中国金融体系的稳定性，旨在探究中国金融稳定的关键影响因素。中国金融体系的稳定性问题备受关注，本书首先描述了关于中国金融稳定问题的一个悖论，其次以这一悖论为出发点，层层递进地提出一系列问题，最后针对中国金融稳定关键影响因素展开研究，并试图解释这一系列的"看似矛盾"。本书将研究中国金融稳定关键影响因素的过程分为两个层次：第一个层次旨在回答中国为什么能够保持金融体系的稳定。由于中国金融的稳定现状有目共睹，因此暂不论其合理性，而是首先解释现象，对中国缘何得以维持金融稳定做出解释。第二个层次才是对中国金融体系稳定性的合理性及可持续性进行探析。

虽然从现象上来看，中国的金融体系似乎比其他国家或地区的金融体系表现得更加稳定，但是在剖析了中国金融稳定的本质之后，还应探究当前中国的金融体系是否实现了真正的稳定，这是一种暂时的现象还是能够在长期中得以保持。然后再将中国的金融稳定问题在时间轴上加以扩展，从本质上来看，随着市场化的推进，中国金融体系维持稳定的机制是否随之改变？更进一步地，能否顺应市场化的进程追寻一种更低成本地维持中国金融体系长期稳定的机制？这一系列问题环环相扣、层层递进，本书在回答问题的同时力求剖析中国金融稳定的关键影响因素。

1.4　本书的研究方法

本书的研究在历史逻辑与理论逻辑的交错与融合中展开，试图运用制度金融学的研究方法对中国现实问题进行描述和解释，同时，研究过程遵循规范的研究范式。一方面，本书旨在从历史逻辑中探寻理论逻辑，追寻史实背后的必然。随着中华人民共和国的成立而重新建立起来的中国金融体系一直保持着稳定，这虽然与西方经济学者的理论分析结果相悖，但是历史逻辑是真实的，因此只可能是西方学者的理论分析存在问题。本书以中国金融稳定现象与西方经济学者理论分析之间的矛盾为切入点，一边探究西方经济学者分析过程的缺陷，另一边继续借鉴西方的分析框架对中国金融稳定现象进行解释。

另一方面，本书的写作范式是规范的。首先，本书对金融稳定相关的问题进行文献回顾，并试图追溯金融稳定问题的理论渊源，同时对近现代文献中的研究思路和方法进行综述。其次，既有文献中虽然不乏对金融稳定问题的关注，但是在理论层面的探讨还不甚完备。特别地，以往文献对金融稳定问题的研究尚未形成一个被普遍认可的体系，这也为金融稳定问题的研究留足了空间。本书试图针对金融稳定这一概念提出一个严格的定义，并遵循金融稳定定义的逻辑进行之后的研究。在论述过程中，围绕解释并探究中国金融稳定关键影响因素的目标，提出一个新的假说，在对假说进行论述的同时，也对西方经济学者对中国金融稳定问题的误解进行辩白。再次，根据所提出的假说构建数理模型，对假说进行抽象，在理论分析的基础上，再进行经验研究。最后，对西方与中国金融的稳定性进行比较研究，从不同的金融体系发展模式中探寻两者的异同，并根据结论提出合适的政策建议，希望对中国以及其他新兴市场国家当前金融体系发展政策的调整有所裨益。

1.5　本书的结构安排

本书在层层递进的理论逻辑下展开论述，意在描述并探究中国金融稳定的关键影响因素。本书在第 1 章绪论中首先描述了中国当前的金融现象，阐明本书的选题背景和理论及现实意义，并点出本书的创新与不足之处。第 2 章厘清中国金融稳定的"看似矛盾"，先从外在表现上指出中国金融稳定存在的矛盾现象，然后从理论上提出中国金融稳定的悖论问题，并针对这一悖论提出一系列追问，事实上，通过对中国金融稳定悖论的追问梳理了本书论述的主线。第 3 章对相关问题的既有文献做出整理，包括金融稳定及金融脆弱的内涵、研究金融稳定问题的重要意义，以及金融体系达成稳定的原因及影响因素等，并通过总结归纳前人的相关研究，指出既有理论在研究中国金融稳定问题时的不适用之处。本书前 3 章的写作目的在于阐明本书的研究意义所在，是正式论述前的准备工作。

本书从第 4 章开始正式解释中国金融稳定的悖论，随后的论述分为两部分：第一部分主要针对第 2 章提出的悖论进行理论上的解释，第二部分在此基础上进一步探讨第一部分的论述是否真正破解了中国金融稳定的悖论，即回答当前的稳定状态是否为真正的稳定。其中，4.2.1 节论述了中国金融体系的供给概况，以中国重新构建的金融体系为起始点，论证金融体系中存在一个层次分明的科层结构，从金融供给方面说明金融稳定的原因；4.2.2 节论述了中国金融体系的需求概况，从金融需求方面解释中国金融稳定局面的形成和维持。本章还在结尾处提出中国金融稳定现象背后可能隐藏的导致稳定现状难以为继的风险和诱因，为第 5 章的经验研究和第 6 章中中国金融不稳定风险的化解提供了思路。

第 5 章针对中国金融稳定的绩效进行了经验分析，也分为两部分，主要针对第 4 章提出的不稳定风险以及由此产生的中国金融稳定现状的维持成本。第一部分意在评估中国金融稳定的维持效果，选取关乎金融稳定的相关指标构建金融稳定评估体系；第二部分意在评估中国金融稳定的维持成本，选取中国 1979~2020 年的增长率数据构建一个时间序列分析模型，试图通过对经验数据的分析找出哪些因素影响着中国金融体系的稳定维持成本。

第 6 章顺承第 4 章的理论分析，针对中国当前的金融稳定现状，对其中蕴藏的不稳定风险提出应对之道；随后，从一个更为长期的视角探讨了中国金融体系在未来继续保持稳定状态的可能性，即随着市场化的推进，当市场力量显现得越来越明显时，中国金融体系还能否一如既往地保持稳定，或者能否借助市场化的推进以一种成本更低的方式达到金融体系的长期稳定状态。

第 7 章是结语，对全书的主要观点与创新之处进行了总结，并据此对中国金融体系未来的改革方向提出了建议。

1.6　本书的创新与不足

本书对中国金融稳定问题的论述遵循着严谨的分析路径，根据先描述现象后提出理论的路径引出问题，同时根据先纠正西方经济学者理论分析的缺陷后创建新的研究思路的路径分析问题，并在分析过程中遵循先分析过去与当前的状况后再论述未来的改革方向的时间路径。在遵循严谨的分析路径与规范的分析范式的前提下，本书针对中国金融稳定机制进行了完整的分析，在分析中存在以下几点创新之处：

首先，本书在提出理论假设时十分注意与现实情况的契合，针对现象进行理论分析但并不囿于分析过去及当前的现象，而是在时间轴上向后拓展，针对将来可能出现的情况对理论假设进行完备。本书从中国金融稳定的现象出发但不局限于用现象描述并定义金融稳定，将中国金融体系超乎寻常的稳定性表现与西方经济学理论进行对照，对比之下发现两者的矛盾之处，由此提出一个悖论，并从这个悖论出发开始本书的研究：一方面根据中国金融稳定的现实状况修正西方经济学者的理论分析，另一方面仍然利用西方的经济学理论分析框架解释中国金融稳定问题，既批判了西方经济学者在理论分析中的缺陷，又肯定了西方经济学理论的分析范式，并同样运用西方经济学理论的分析框架得出了与现实相符的结论。

其次，本书将历史逻辑与理论逻辑的主线一以贯之，历史逻辑注重对现实的描述，理论逻辑则注重论证过程的缜密，全书分析紧扣两条主线，提出了关于中国金融稳定的"看似矛盾"，问题层层递进，分析环环相扣，问题涉及面广而分析有条不紊。本书的论述在历史逻辑与理论逻辑之下徐徐展开，论述伊始就在历史逻辑之下描述了中国金融体系的发展历程；同时，根据理论逻辑在史实中追寻必然，在经典的新古典理论分析框架中，从供给与需求两方面深入剖析了当前中国金融体系达成均衡的可能性，并针对西方主流观点中对中国金融供给和需求的错误认识进行辩白和修正，又在新的理论假说之中论证了中国金融体系能够保持稳定的原因所在，并进一步指出了隐藏在其中的潜在危机，为中国金融体系达成真正的、长期的稳定指明了出路。

再次，本书在对中国金融体系稳定性的实质进行剖析时，将金融体系的相关理论进行了扩展和延伸。本书在论述中将中国与西方的金融体系进行对比，最初比较两者在稳定性方面的表现，接着在本书的理论逻辑下分析了几种类型金融体系的内在差别，揭示了其中几类金融体系难以达成稳定的必然性以及中国金融体系保持稳定的原因，它们的稳定性截然不同是必然的结局。

最后，本书尝试使用严格的定义对"金融稳定"这一概念进行描述。在既有的分析金融稳定问题的文献中，已有众多学者尝试性地为"金融稳定"做出定义，但是现有的定义基本不外乎三种形式：一是罗列达成金融稳定的条件；二是先描述金融不稳定的现象，再将没有出现这些现象的状态描述为金融稳定；三是借用其他学科的理论工具对金融稳定的状态做出描述。目前，关于金融稳定还没有出现被普遍认可的说法，金融稳定尚缺乏严格意义上的缜密定义。鉴于本书的研究对象即为中国金融体系的稳定性，因此本书试图对金融稳定做出严格意义上的概念描述，以确保在后文的论述中保持概念清晰。

本书也存在很多不足之处。本书的研究始于对中国金融体系稳定性特殊现象的观察，既然是从现象入手，所提出的问题以及解决问题的思路就难免仅仅针对已经发生过的现实情况。本书以过去及当前中国金融稳定的现象及其引发的一个悖论为出发点，对出现这种现象的原因提出了疑问，全书立足于当前的现象提出问题，并试图对中国金融体系当前的发展指明出路，其中问题的提出以及问题的解决思路均以当前的政策条件为前提。由于全书的研究都建立在过去与当前既有的政策背景之下，因此，一旦中国的经济政策及环境发生显著变化，则本书所提出的促使中国金融体系达成真正稳定状态的改革措施就显得不那么适用了。

另外，本书沿着比较金融体系的分析思路向前延伸，对中国与西方金融体系的稳定性进行了对比。但是，中国金融体系的稳定性不仅与契合新古典理论的西方不同，甚至与同是发展中国家的其他新兴经济体也不相同，而本书只对中国和西方的金融体系进行了比较分析，并未提及中国与其他新兴经济体的对比。新古典经济理论是在西方经济发展历程中总结提炼出来的经典理论，中国金融体系的稳定性与新古典理论相悖，也与西方金融稳定的要求和支撑相异，因此本书将中国与西方金融体系相对比，事实上是在回答中国金融体系的稳定性为什么与西方经济理论不相符，而中国与其他新兴经济体金融体系稳定性的比较则有待于将来在一个新的论题下进行研究。

1.7　本书的理论假设

1.7.1　效用最大化是经济主体的行为决策目标

表面看来，经济主体在从事经济活动时，有多种决策原则，但是在本书的假设下，效用最大化是更为全面的决策原则。在新古典理论体系框架中，根据生产者理论，厂商以既定成本约束下的产量最大化作为其生产决策原则，而根据消费者理论，消费者进行行为决策的原则是预算约束下的效用最大化。在上述各理论中，经济主体看似遵循各自不同的决策原则，而事实上，有些决策原则是在严格假设之下的具体标准，如其中的生产者理论就假设其决策函数只由成本和产量两个变量决定。可是影响厂商生产行为的只有成本这一项约束吗？厂商只追求产量这一个目标吗？既定成本约束下的产量最大化显然只是对厂商的约束和目标进行了简化假设之后的结论。而效用则是一个更加贴近现实且更加丰富饱满的衡量标准，它囊括了经济以及非经济层面的各种因素。

"效用"（utility）的提出可追溯到 1738 年，数学家丹尼尔·伯努利（Daniel Bernoulli）在回答其表兄尼古拉·伯努利（Nicolaus Bernoulli）所提出的圣彼得堡悖论时首次提到这一名词。他指出，人们在做出决策时，并不是只以金钱的数量为评判标准，而是应该考虑金钱所带来的满足感，即金钱的效用。丹尼尔·伯努利的这一观点至少包含两点贡献：首先向以金钱数额为决策标准的传统分析理念提出挑战，其次对此提出对策，引入了"效用"这样一个不局限于经济层面的更为广义的概念。经济主体虽然追逐经济方面的收益，但归根结底是追求经济收益能够为其带来的满足感，效用就是这样一个用来衡量满足感的概念。因此，经济主体在做决策时，所依据的应为效用最大化这一更为全面的原则。效用是经济主体从事经济活动所要追求的目标，在面临选择时，经济主体将根据效用的比较做出决策。

效用是一个全面的、含义丰富的概念，从本质上来讲，它代表决策主体的满足感，满足感越强，则效用越大。更具体地，效用的大小可以用效用函数来描述，其中，效用是因变量，自变量则是涵盖多重因素的多个向量，这些向量分别用于描述影响决策主体满足感的各个方面。遵循效用最大化的决策原则可以有效克服以往决策中所采用的经济指标的局限性，在作为自变量的向量中，不仅包括利润等经济因素的考量，还包含了经济以外的其他各方面因素。更为一般地，不仅在经济活动中，还有其他的各种活动中，行为主体做出决策的依据都可以用效用来描述。当行为主体有了明晰的决策目标，加之进行决策的条件既定，就可以根据既定约束下的效用最大化原则进行决策。

本书提出的假说中，也采纳效用这一更为饱满的指标作为行为主体的决策依据。在以往的新古典框架之下，往往注重效率原则，当面临决策选择的经济主体是微观个体时，更容易关注效率。事实上，微观经济个体也有除经济效率之外的其他需求，如厂商在生产中所追求的除了高产量之外可能还有更少的污染。同时，含有集体因素的经济主体更容易体现出对经济效率之外的需求，比如国家，在追求经济效率之外显然还有安全、稳定等需求。本书所研究的是中国金融体系的稳定问题，若将国家看作一个主体，这个主体在将要做出决策时也将既定约束下的效用最大化作为其决策原则，则这一效用函数中就必然包含能够描述经济层面因素的向量以及与整体稳定相关的向量；相应地，若以国家的各种形式的代理人作为研究对象，则这类决策主体的效用函数也将同时包括分别代表经济与稳定的各个向量，但是它们同国家效用函数中的向量必定有所不同。

特别地，效用最大化可以作为行为主体的唯一决策原则。当行为主体选择以效用作为决策指标时，这一含义丰富且全面的概念能够反映行为主体的综合满意程度，同时，效用的大小可以通过建立效用函数的形式得以衡量，全面且可测的性质使效用成为行为主体赖以做出决策的最优指标。因此，本书将选取效用这一指标作为行为主体做出决策的唯一判断标准，即假设经济主体的行为决策目标是效用最大化。行为主体的满足感是其进行决策的驱动力，效用就是用来表达满足感的指标，行为主体的满足感由诸多因素共同决定，这个由各方面因素决定满足感的路径就是一个效用函数。在效用函数中，效用顺理成章地成为因变量，其各个影响因素以向量形式作为函数的自变量，各因素对满足感的影响路径决定函数形式。其中，每个向量中非零分量的个数由各影响因素的作用时间决定，若该影响因素只在当期影响行为主体的满足感，则该向量只有第一个分量不为零；若只在第 i 期影响行为主体当前的满足感，则向量的第 i 个分量不为零，即每个向量的分量只在对行为主体满足感产生影响的那一期不为零。

行为主体根据其能够获得的满足感来进行决策，效用是一个能够反映满足感的指标，事实上，根据这一思路，定义一个新的概念来表示行为主体的满足感也未尝不可。但是，效用是既有的经济学语言中能够很好地表示满足感的一个合意的概念，而且存在有效的方式来比较效用的大小。因此，本书在正式提出关于中国金融稳定的假说之前，首先对分析中将要用到的衡量行为主体满足感的指标做一个约定，假设行为主体依赖其所获得满足感的大小来进行决策，本书采用效用作为行为主体衡量满足感的唯一指标，因此行为主体的决策原则是效用最大化。

当人们评价行为主体的满足感时，效用是一个饱满的指标，但是，在以效用最大化作为行为主体决策原则时也可能存在一些问题。

首先，效用最大化的决策原则存在适用条件。当行为主体面临决策抉择时，效用的大小成为其决策原则，效用越大的决策方案越容易被选择。但是，并非效用最大的方案一定能够成为决策方案，有时可能受到条件限制无法实现，即效用集并非全部有效。事实上，行为主体在面临决策抉择时受到一定的约束，约束通常源于资源限制，有限的资源使为行为主体带来最大效用的方案可能无法得以实现。经济学假设资源是稀缺的，同时，经济要素以外的其他资源也都是有限度的，只是不同资源的有限程度、有限资源的补充速度以及资源数量的稳定程度是相异的。其中，有形资源的数量往往相对稳定，而诸如对从事某项行为的兴致之类的无形资源的稳定程度相对较差。总之，由于资源等条件的限制，行为主体只能在既定约束之下选择效用最大化的方案。

其次，决策主体必须明晰。效用是全面衡量行为主体满足感的合意指标，能够有效帮助行为主体做出决策，既定约束下的效用最大化即为行为主体的决策原则。看似无懈可击的判断准则其实往往容易忽略对行为主体的界定，在分析中必须遵循的一个原则是，决策主体必须是明确的。比如，本书针对中国金融体系的稳定问题做出研究，研究的对象是中国金融体系，研究内容将会涉及从国家到金融机构等各种形式的主体，其中，当以国家的立场分析问题时，就应明确是否以整个国家为行为主体。国家作为一个集体概念，往往由其代理人进行行为决策①，而国家的代理人又可以按照层级分为中央政府、地方政府等，因此，国家

---

① 这在一定程度上属于委托—代理问题的范畴，本书使用的"代理人"的概念与委托—代理问题中的概念相一致。

作为一个整体时的效用与其各个代理人的效用是不同的。本书在探讨国家效用时，将分别对国家整体以及国家的各个代理人的效用进行分析。

1.7.2 国家是市场交易活动的参与者

传统的新古典经济理论强调市场在交易中的重要性，赋予国家、政府相对立于市场的角色，认为政府对市场的干预将降低交易效率。事实上，国家或者政府完全可以看作市场的参与者而非对立者，它们是市场交易中的一部分。

首先，国家与市场不是单一的对立关系。经济学理论中不乏国家与市场关系的讨论，但以往分析大多赋予国家以超脱于市场之外的身份，特别是一直以来强调市场地位的新古典经济学派，更是将国家或作为其代理人的政府置于市场的对立面。亚当·斯密（Adam Smith）就曾旗帜鲜明地主张国家政府只需扮演"守夜人"的角色，反对国家干预市场交易。事实上，国家与市场之间并不一定格格不入，相反，国家的产生在一定程度上是为了弥补市场的不足，国家能够为市场提供必要的制度保障，从而以较低的成本促成交易的达成。

更进一步地，国家也未必超脱于市场之外，国家可以通过其代理人——政府的角色参与市场交易。新古典经济理论认为，市场交易的参与者包括消费者、厂商以及国外部门等，但是政府有时也参与交易。因此，国家与市场并非单一的对立关系，国家可能超脱于市场之外，为交易提供制度供给，也可能通过政府作为交易的一方成为市场的直接参与者，只有当国家行使其行政职责，造成其行为违背市场的交易原则①时，才处于与市场相对立的地位。总之，国家存在与市场发生联系的动机，一方面，作为超脱于市场之外的制度②供给者，国家有降低整体交易成本的动机；另一方面，政府作为其代理人参与市场交易，其交易行为与一

---

① 如不按市场供求决定的价格参与交易，或限制交易数量等。
② 国家在向全体公民提供制度供给时，是以全体公民的效用最大化为原则的，但是制度效果或好或坏，不因国家的初衷是好的而保证结果也是好的。

般的经济主体相类似。

其次，国家在参与市场活动时可能有着多重角色，国家与市场之间的关系是复杂的，国家可能独立于市场之外，也可能通过其代理人作为交易的一方参与到市场中。无论是置身于市场之中还是超脱于市场之外，国家作为一个整体，它的偏好是与全体公民一致的，即国家本身的偏好、效用以及行为决策所依赖的判断原则都与其全体公民一致。国家是一个集体概念，虽然国家这一整体的偏好、效用能够得以分析，但是，根据其效用最大化原则做出的决策却难以由这样一个整体来执行，因此，出于执行决策的初衷，国家需要寻求它的代理人，政府以及国家设置的各种机构都是国家的代理人。

由于国家对代理人的需求，因此本书在对国家进行分析时，有必要将国家与国家代理人进行区分。国家的偏好和效用与全体公民保持一致，国家设置代理人的初衷是代替国家这一集体概念执行它的决策。但是，代理人自存在之初，就成为一个新的行为主体，有自己独立的效用函数，并根据自身的效用函数做出新的决策。对于中国来说，国家的代理人角色典型地表现为中央政府，国家与中央政府之间存在一层委托—代理关系，同时，中央政府也下设省、自治区、直辖市政府代其执行决策，因此中央政府与省、自治区、直辖市政府之间也存在一层委托—代理关系，同理，在中国的四级行政区划中，省、自治区、直辖市、特别行政区政府，地区、盟、自治州、地级市政府，县、自治县、旗、自治旗、县级市级政府，以及乡、民族乡、镇政府之间都存在各自的委托—代理关系。由于代理人与委托人之间的效用可能存在偏差，因此代理人实际执行的行为决策可能与代理人的决策不符，在中国复杂的科层结构中，各层级政府之间都存在委托—代理关系，因此各层级政府最终执行的决策也可能与国家整体的效用最大化原则不符。

国家、国家的代理人与市场之间的关系也随之变得更为复杂。国家存在效用函数，并根据其效用最大化的原则做出行为决策，但是决策的实际执行者只能是国家的代理人，因此真正与市场发生联系的并非国家这个整体，而是国家的代理人。需要强调的是，无论国家是超脱于市场之外（或为其提供制度保障，或干预市场的交易原则），还是参与到交易之中，其都与全体公民的偏好与效用相一致。国家的代理人则是一个科层组织，层层的委托—代理关系使其与国家之间的行为决策可能产生偏差，代理人根据其自身的效用最大化原则与市场发生种种联系，其中，当国家代理人作为普通交易者参与到市场中时，其与市场中其他经济主体并无二致。国家与市场之间的关系同国家代理人与市场之间的关系是有差别的，本书将在后文的论述中逐一讨论，但是，倘若存在一个纠偏机制，两者之间则有可能仍然保持一致。

总之，国家是市场活动的参与者，国家有自己的效用函数，但是由于其集体性质，必须寻求代理人来执行决策，因此，参与市场交易活动的是国家的代理人。由于国家的代理人层级复杂，且每一代理人又衍生出各自的下级代理人，国家的代理人事实上构成一个复杂的科层结构，它们也会作为经济主体参与交易，因此，完整的经济分析必须将作为国家代理人的科层组织置于市场交易之中。

2

中国金融稳定的关键因素

中国的金融体系具有良好的稳定性表现，当金融危机开始对各个国家和地区的金融体系产生冲击时，中国金融体系仍然能够以足够的金融供给满足对金融需求的匹配，并在总体上保持着稳定的状态。但是，在中国金融体系中，是什么机制在配置金融资源呢？与来源于各个经济主体的金融需求相比，金融供给并非完全由市场主导，而市场是金融供给与金融需求自发寻求均衡的场所和平台。那么，从现象上来看，金融供给与金融需求之间看似缺乏共同决定机制的中国金融体系为什么能够抵抗金融危机的冲击？从理论上来看，在市场机制缺失的中国金融体系中，金融的供给与需求还是否能够达成均衡？无法自发达成供求均衡的金融体系又何以有着良好的稳定性表现？

2.1　中国金融体系的"看似矛盾"

中国的金融体系一直保持着良好的稳定性表现，但是它在运行中又似乎不像西方国家那样具有金融供给与金融需求间的价格决定机制，西方主流经济学者也因此认为中国的金融体系应该是不稳定的，因而形成了关于中国金融稳定现象的一个"看似矛盾"：看似缺乏稳定金融体系所应具备的运行形式的中国金融体系何以有着稳定的表现？特别是，看似金融供给与金融需求难以协调的中国金融体系何以表现得稳定？

具体地看，一方面，中国金融体系的表现是稳定的。当全球经济遭遇金融危机的冲击时，有些国家或地区出现了金融机构的大规模倒闭，甚至还有的金融体系整体崩溃；即便是金融体系没有遭受机构倒闭或整体崩溃的国家和地区，也大多表现出金融规模的缩减或者金融发展情况的恶化。但是，面对同样恶劣的金融运行环境，中国的金融体系却依然保持稳定。特别是在 2008 年由美国次贷危机引发的全球金融危机中，西方金融体系与中国金融体系的稳定性表现存在着明显的差距，本书在表 2-1 中列出了在此次全球金融危机中倒闭的大型金融机构及其所在的国家或地区，并在表 2-2 和表 2-3 中列出了经历此次金融危机之后西方与中国金融规模的变化及金融稳定情况的变化，以此作为中国金融体系稳定表现的佐证。

表 2-1　始于 2008 年的全球金融危机期间陷入破产的大型金融机构

时间	金融机构	所在国家
2008 年 3 月	贝尔斯登公司（Bear Stearns Cos.）	美国
2008 年 9 月	房利美（Federal National Mortgage Association）	美国
2008 年 9 月	房地美（Freddie Mac，NYSE：FRE）	美国
2008 年 9 月	雷曼兄弟公司（Lehman Brothers Holdings）	美国
2008 年 9 月	美国国际集团（American International Group）	美国
2008 年 9 月	美林证券（Merrill Lynch）	美国
2008 年 9 月	华盛顿互惠银行（Washington Mutual）	美国
2008 年 9 月	美联银行（Wachovia）	美国
2008 年 10 月	许珀不动产银行（Hypo Real Estate Bank）	德国

表2-2 2008年全球金融危机爆发后中国与西方金融稳定情况对比（一）

单位：%

年份	银行资本对资产的比率				银行资本充足率年度变化率			
	中国	美国	英国	法国	中国	美国	英国	法国
2006	5.1	10.5	6.1	4.5	15.9	1.9	0.0	2.3
2007	5.8	10.3	5.5	4.1	13.7	-1.9	-9.8	-8.9
2008	6.1	9.3	4.4	4.2	5.2	-9.7	-20	2.4

资料来源：中国经济信息网统计数据库。

表2-3 2008年全球金融危机爆发后中国与西方金融稳定情况对比（二）

单位：%

年份	银行不良贷款比例				银行不良贷款年度变化率			
	中国	美国	英国	法国	中国	美国	英国	法国
2006	7.1	0.8	0.9	3.0	-17.4	14.3	-10	-14.3
2007	6.2	1.4	0.9	2.7	-12.7	75.0	0	-10.0
2008	2.4	3.0	1.6	2.8	-61.3	114	77.8	3.7

资料来源：中国经济信息网统计数据库。

由表2-2和表2-3可以看出，2008年全球金融危机对中国金融稳定的影响明显小于对西方国家金融稳定的影响。当各个国家或地区经历全球金融局势的动荡时，美国和欧洲等西方国家集中发生金融机构的破产倒闭，冰岛甚至发生了国家的破产，同时在西方国家，即便是没有破产的金融机构也都或多或少地面临着境况的恶化；而中国不仅没有发生金融机构的倒闭现象，而且银行资本充足率仍然保持逐年增加，银行不良贷款比例也保持逐年下降。与其他国家或地区相比，中国的金融体系在面对全球金融危机时仍然保持着良好的稳定性表现。

另一方面，在西方主流的新古典理论标尺下，市场是最受推崇的资源配置方式，金融服务的供给与需求在市场机制下可以达到均衡状态。在西方经济学者眼中，中国的金融供给根据国家指令直接形成；与之相对的需求是由家庭、厂商等传统意义上的经济个体形成的，即中国金融体系的供给量并非由价格决定，而是形成于国家的主导，同时需求量基本由价格决定，形成于市场的主导，决定机制不同的金融供给与需求之间难以得到协调，因此不会迅速地收敛于一个均衡点。均衡是稳定的必要条件，难以达成均衡，甚至连均衡的达成条件都不明晰的金融体系怎么可能保持稳定呢？

同时，根据西方主流的经济理论，价格是达成供求均衡的有效机制，只有交易的供求双方能够根据价格及时地调整对商品、服务的供给和需求，市场才能达到供求匹配的均衡状态，进而才可能进一步达到稳定。而中国的金融供给在很大程度上体现了国家的金融供给意愿，金融机构根据国家的决策提供金融供给，中国金融的需求又是由市场化的经济主体决定的，国家决定的供给与市场决定的需求难以匹配导致了中国金融稳定的"看似矛盾"。

从金融供给方面来看，中国金融市场上的价格似乎缺乏弹性。在西方主流的新古典经济理论中，价格是调节商品和服务供求的主要因素，而中国金融机构的利率、汇率等金融产品和服务的价格是围绕官方利率、汇率中间价上下波动的，在这种情况下，价格对金融市场上的供求变化很不敏感，从而失去了其在市场上重要的调节意义。从现象上来看，包括金融供给机构、金融供给决策以及最终实行的金融供给活动在内的整个金融供给体系都主要由国家主导，因而金融市场上的供给价格和供给量也基本是以国家为主导而决定的。

从金融需求方面来看，中国的金融需求是在市场上决定的。特别是中国在1979 年推行经济改革之后，恢复设立商业银行，国内基础设施建设等项目资金由财政拨款改为商业银行贷款，1995 年 3 月 18 日第八届全国人民代表大会第三次会议通过的《中华人民共和国中国人民银行法》第二十八条专门规定了"中国人民银行不得对政府财政透支"。而由于经济主体的多样性和金融需求的分散性，他们在金融市场上对金融产品和服务的需求似乎确实遵循价格原则。

由此可见，中国金融产品和服务的供给由国家主导，同时对中国金融产品和服务的需求分散于各个遵循理性人假设的经济主体，取决于市场因素。西方主流经济学者认为，在不同决定机制下形成的金融供给与金融需求是不相匹配的，在中国的金融市场上，缺乏一种能够代替价格的共同机制来匹配金融产品和服务的供给与需求。西方主流经济学者认为这样的金融系统是脆弱的，即使在某一时点上存在一部分匹配的金融供给与金融需求①，这种匹配也未必能够延续到下一时点②，即金融供给与金融需求的匹配是不连续的③，金融供求交易达成匹配的可能性尚且很小，整个金融系统达成并维持稳定的可能性就更微乎其微了。

2.2 西方论调中的中国金融体系

2.2.1 中国金融稳定之"悖论"

在中国的金融体系中，金融供给与金融需求似乎缺乏寻求市场均衡的平台，无法通过市场机制的作用自发形成均衡，供求不均衡的金融体系似乎难以达成稳定。而金融供求的匹配显然是金融稳定的必要条件。因此，中国的金融体系似乎

---

① 金融供给与金融需求能相匹配是指，金融市场上提供的金融供给是有需求的，同时，金融需求是由金融供给来满足的。金融供给与金融需求达到均衡时即金融供给与金融需求完全匹配，即对全部的金融供给来说，每一单位的金融供给都有相应的金融需求来配对，同时，对全部的金融需求来说，每一单位的金融需求都有相应的金融供给来配对（并非金融供给与金融需求在数量上的简单相等，而是结构上也能一一对应）。金融供给与金融需求存在缺口时即金融供给与金融需求部分匹配。此时对全部的金融供给来说，每一单位的金融供给都有相应的金融需求来配对，同时，不是每一单位的金融需求都有相应的金融供给来配对；金融需求亦然。当然，上述各种情况都是理论上的分析，实际情况是，很难使全部的金融供给都有需求来匹配，或者使全部的金融需求都有供给来满足。

② 西方主流经济学者认为中国金融供给与需求的匹配不连续，是因为他们认为，中国金融供给是国家决策的函数，中国金融需求是价格的函数，两个函数的变化规律不同，因此两者能够匹配是偶然情况，不相匹配才是常态。

③ 即使函数出现某一段连续，也是偶然的情况。

不具备达成稳定的条件。但是，中国的金融体系却表现出良好的稳定性现象。因而在中国的金融体系中，并存着看似矛盾的两种现象：金融供求的不均衡现象与金融体系的稳定现象。

但金融供求的均衡难道不是金融稳定的必要条件吗？中国的金融体系何以在看似没有实现金融供求市场均衡条件的情况下达成了稳定？或者说，为什么看似不具备达成稳定的条件的中国金融体系却有着良好的稳定性表现？这需要在对看似矛盾的现象进行解答中寻求关键因素。

从中国金融稳定的现象中可以看出，金融供给与金融需求之间并非纯粹由市场机制作用达成均衡。而在西方主流经济学者看来，市场是促使供求自发达成均衡的富有效率的方式。在西方新古典经济理论框架之下，价格既是单个厂商制定商品和服务供给决策的主要因素，又是单个消费者制定商品和服务需求决策的主要因素，若全部厂商所提供的总供给与全部消费者的总需求之间存在缺口，则又会引起价格的调整，在整个市场体系各方参与者的运作下，最终达成商品和服务的均衡价格与产量。均衡是一种供求匹配的状态，假定供求匹配是定义在一个时点上的状态，则稳定就是连续时点上一系列没有显著跳跃的供求匹配点的集合，供求匹配是稳定的必要条件①。

金融体系的稳定首先要求金融供给与金融需求能够匹配，在此基础上，再要求达成匹配的金融供给与金融需求不出现明显的波动，因而，金融供给与金融需求的匹配无疑是金融稳定的必要条件，只有能够使金融供给与金融需求两者形成匹配的金融体系才可能达成稳定。对于在市场机制下运行的金融体系，金融的供

---

① 供求匹配状态意味着，在某一时点上，变量没有产生变化的动机，体现在交易中就是供给方提供的产量与需求方需要的产量相等，即交易各方都得到满足。稳定则是一种更为广义的状态，不仅要求在单一时点交易各方对现状满足，而且要求在连续的各个时点交易各方对现状满足，每相邻两个时点间的供求匹配状态不能出现明显跳跃。这是因为，不变化或者按照可预测的规律变化（即变化规律不变化或称变化的函数形式不变化。当然，更广义地说，也可以是变化的函数形式的变化遵循一定的规律，以此类推）是符合人们的效用要求的。因此，稳定的前提是首先要达到供求匹配，或者说，供求匹配是稳定的必要条件。而供求匹配可以看作一种微观意义上的稳定（只关注某一时点的交易各方）。

给与需求往往是在市场对资源的配置过程中自发地达成均衡，金融供求的市场均衡似乎成为金融稳定的前提条件。

一方面，市场机制下的金融稳定要求金融供求达成市场均衡；另一方面，中国金融体系在金融供求均衡缺失的情况下达成了稳定，金融不均衡与金融稳定这两种看似矛盾的现象并存于中国的金融体系中。以上引出关于中国金融稳定问题的一个悖论：为什么在中国的金融体系中金融供求不具备市场均衡的条件但金融体系却达成了稳定？中国金融体系的稳定何以与金融供求的不均衡共同存在？

2.2.2 针对中国金融稳定悖论的几个追问

为寻求中国金融稳定的关键因素，本书追加了一系列问题，试图通过对这些问题的回答来梳理中国金融稳定关键因素的逻辑。

本书的问题始于中国金融体系的稳定性表现，因而本书首先试图在现象层面解释中国金融体系中金融不均衡与金融稳定的并存。事实上可以通过如下的几个追问解释上述现象：金融供求的市场均衡是不是金融稳定的必要条件？在市场均衡缺失的情况下，能否通过其他的方式寻求金融供求的匹配进而实现金融体系的稳定？至此，也同时解释了中国金融稳定现象形成的原因。

进一步地，本书提出一个关于表象与实质的追问：中国金融体系良好的稳定性表现是否意味着其达成了真正的稳定？即金融不均衡下的中国金融稳定现象会不会是一种稳定的假象或者难以为继的偶然状态？中国金融体系会不会其实并未达到真正的稳定？在此基础上进一步追问：中国金融的稳定现状与真实的稳定存在多大的差距？

从一个长期的视角来看，金融体系如何才能达成长期的稳定？从中国金融体系当前的稳定性现状出发，还需增加哪些条件才能达到长期稳定的要求？对中国当前的金融体系来说，长期的真实稳定仅仅是一种美好的期待还是可以达成的目标？通过什么方式才能得以实现？是在既有的中国金融体系稳定维持机制的基础上寻求改革，还是需要彻底改变中国当前的金融体系稳定维持机制，构建一个新的并且能够在长期中达成并维持中国金融体系稳定的机制？这是关于中国金融体系的未来的一个追问，对这个问题的回答事实上就是为未来中国金融体系寻求长期稳定的方向。

在对未来中国金融体系的发展方向提出设想的同时，实际上本书的分析理应回到最初的"看似矛盾"：金融供求的市场不均衡与金融体系的稳定表现能够并存吗？中国金融体系中的金融不均衡与金融稳定的并存能否给中国金融稳定的未来发展方向提供一些启示？金融供求的市场均衡与中国金融体系的长期稳定之间是否存在契合之处？对金融市场不均衡与金融体系稳定之间矛盾的化解是否就是对金融体系长期稳定追问的回答？本书在接下来的篇幅中将试图从不断的追问中探寻中国金融稳定关键因素最终的答案。

3

金融稳定：既有理论及其缺陷

金融稳定不仅是一个具有理论研究意义的命题，而且也是各个国家或地区追求的目标，因此金融稳定问题受到经济学者和政策制定者的大量关注。以往关于金融稳定的文献主要集中于阐明金融体系的稳定对经济体的重要意义，描述金融稳定与金融不稳定的实际状态，论述达成并维持金融稳定的各项要素等，特别地，还有一些国内学者分析了我国若要保持金融体系的稳定状态所应注意的问题，当然，已有研究中也不乏综述性质的文献。本章将对以往关于金融稳定问题所做的研究做一个总结，并针对前人文献中体现的研究思路、研究方法以及研究结论进行述评，以期认清前人分析中存在的问题，吸取有益经验，从而对本书的研究形成有益的借鉴。

3.1　金融稳定为什么重要

从现实意义上来看，一国或者一个地区作为一个经济整体对金融稳定的追求自不必说且由来已久，但是，将金融稳定作为一个理论课题进行专门且系统的研究却基本始于 20 世纪频繁爆发的金融危机之后。特别是 20 世纪 90 年代，各国接连爆发金融危机，造成经济的惨重损失甚至社会的动荡不安，至此，经济学者以及金融实务界人士纷纷开始从理论上对金融稳定问题给予关注。他们在该问题上达成共识：金融体系的稳定可以为经济整体以及在其中从事经济活动的主体带来积极的影响；相对应地，金融体系的不稳定甚至动荡也将对经济整体及置身其中的微观个体带来不良影响。

3.1.1　金融稳定的正面意义

金融理论是经济理论的重要组成部分，因而金融稳定问题也是经济稳定这个大命题中的一个关键构成元素。最初关于金融与经济之间关系的争论集中于货币中性与非中性的问题上，即便是货币中性论也依然承认了货币作为交易媒介的重要作用，货币非中性论更是强调了货币对实体经济具有实质性影响。熊彼特（Schumpeter，1911）[①] 提出，银行作为典型的金融中介通过其筛选功能为最适当的企业提供用于技术创新的资金，从而体现了金融对经济的促进作用。麦金农（McKinnon，1973）[②] 和肖（Shaw，1973）[③] 等创立了金融发展理论，开创了一门专门研究金融发展与经济增长之间关系的学科，在最新的研究成果中，学者们从多个角度阐述并论证了金融发展与经济增长具有正向强相关关系。

金融理论已成为经济理论密不可分的一部分，对整个经济稳定问题的研究也离不开金融稳定部分的论述，可以说，金融稳定与经济稳定两者之间是相辅相成的。无论是从全球视角来看还是在一个国家或地区内部，只有金融体系稳定才可能构建稳定的整体经济环境，同时只有在稳定的经济体系之内金融系统才有可能

---

① Joseph A. Schumpeter. The Theory of Economic Development ［M］. MA：Harvard University Press，1911.

② R. I. McKinnon. Money and Capital in Economic Development ［M］. Washington，DC：Brookings Institution，1973.

③ E. S. Shaw. Financial Deepning in Economic Development ［M］. New York：Oxford University Press，1973.

达到稳定状态。海曼·P. 明斯基（Hyman P. Minsky，1985）[①] 在《稳定不稳定的经济：一种金融不稳定视角》一书中首次系统地论述了金融稳定性问题，并提出金融脆弱性假说（the Financial Instability Hypothesis），他提出银行贷款等金融行为可能对经济造成不良影响，而且即便是在经济繁荣时期仍然有可能对经济产生负面冲击，从而将经济拖入危机的境地。在分析过程中，明斯基还探讨了资本主义社会形态对金融稳定性的影响。

更进一步地，J. A. 克瑞格（J. A. Kregel，1997）[②] 依据"安全边界说"（Margins of Safety）理论对金融稳定问题进行了探讨，他认为银行家在决定是否为企业提供贷款时会以对企业的安全边界评价为限，银行家对企业安全边界的界定主要取决于企业过往的信用记录，而很少以企业的发展预期为贷款依据，即使考虑企业的发展前景以及预期现金流，企业投资所具有的道德风险等因素也会影响银行家对企业安全边界预测的准确性，由此引发的不当的金融活动都可能引起经济动荡。因此，金融稳定层面的研究事实上已经成为研究经济稳定问题时无法回避的重要部分。

刘沛（2005）[③] 也试图寻找金融稳定问题的理论支撑，对涉及该问题的宏观理论和微观理论进行了整理。在宏观层面上分别探讨了货币主义的观点和债务—通货紧缩理论的观点，以米尔顿·弗里德曼和安娜·施瓦茨（Milton Friedman and Anna Schwartz，1986）[④] 为代表提出的货币主义理论是金融稳定问题的理论支持之一，货币主义认为只有单一货币政策能够稳定经济主体的预期，因此，未

① 海曼·P. 明斯基（Hyman P. Minsky）. 稳定不稳定的经济：一种金融不稳定视角（中文修订版）[M]. 石宝峰，张慧卉，译. 北京：清华大学出版社，2015.

② J. A. Kregel. Margins of Safety and Weight of the Argument in Generating Financial Fragility [J]. Journal of Economic Issues（Association for Evolutionary Economics），1997，31（2）：543-548.

③ 刘沛. 金融稳定的宏微观理论分析 [J]. 南方金融，2005（5）：25-27.

④ Milton Friedman，Anna Schwartz. The Failure of the Bank of United States：A Reappraisal：A Reply [J]. Explorations in Economic History，1986，23（2）：199-204.

预期的货币政策可能会给金融稳定带来扰乱。而欧文·费雪（Irving Fisher, 1933）[1] 在其债务—通货紧缩理论中描述了经济周期中从繁荣到衰退的过程，认为经济主体在繁荣时期可能为了追逐更多的投资机会而过度举债，而债务清偿能力与举债规模间的缺口可能将经济体拉入衰退期，并在此基础上提出金融脆弱性的概念，这种情况下的金融脆弱性是与经济周期相联系的。由于宏观层面解释影响金融稳定因素的理论具有局限性及矛盾性，因此学者们转而在微观层面上寻求解释。刘沛（2005）主要对信息经济学视角下的微观经济理论进行了综述，银行挤兑、逆向选择、羊群效应和信息不对称等都为金融市场行为对金融稳定的冲击提供了理论依据。刘沛（2005）在对货币主义理论文献进行总结的基础上提出，将金融稳定影响因素的问题追溯至此是有其合理性的，因为在货币主义之前，很少有学者关注货币层面的因素。但是货币主义的观点不会是金融稳定问题的开端，可能也不是从货币的视角研究金融稳定问题的开端。

段小茜（2006）[2] 也试图追溯金融稳定问题的理论根源，分别从宏观经济理论和信息经济学的视角对金融稳定问题追根溯源。其中，在宏观经济理论方面，其列举了米尔顿·弗里德曼和安娜·施瓦茨（Milton Friedman and Anna Schwartz, 1986）的货币主义观点以及欧文·费雪（Irving Fisher, 1933）的债务—通货紧缩理论作为代表文献，并且总结了既有文献中分析金融稳定问题的框架。传统的分析框架是以冲击作为分析的初始点，接着分析冲击的蔓延以及相应的政策。其在文中列举了保罗·R. 克鲁格曼（Paul R. Krugman, 1979[3], 1998[4]）的国际收支模型、道格拉斯·W. 戴尔蒙德和菲利普斯·H. 迪布维克（Douglas

---

[1] Irving Fisher. The Debt-Deflation Theory of the Great Depression [J]. Econometrica, 1933, 1 (4): 337-357.

[2] 段小茜. 国内外金融稳定有关问题研究进展与述评 [J]. 财贸经济, 2006 (7): 49-55.

[3] Paul R. Krugman. Increasing Returns, Monopolistic Competition, and International Trade [J]. Journal of International Economics, 1979, 9 (4): 469-479.

[4] Paul R. Krugman. Bubble, Boom, Crash: Thieretical Notes on Asia's Crisis [M]. Cambridge, MA: MIT (unpublished), 1998.

W. Diamond and Philip H. Dybvig, 1983）① 的预期模型以及莫里斯·奥布斯特菲尔德（Maurice Obstfeld, 1994）② 和弗雷德里克·米什金（Frederic S. Mishkin, 1999）③ 的道德风险模型等论述冲击的文献。同时，其还列举了斯特凡·格拉克和弗兰克·斯梅茨（Stefan Gerlach and Frank Smets, 1995）④ 的贸易溢出理论、瓦尔德斯（Valdes, 1997）的金融溢出理论、马森（Masson, 1998）的季风效应模型、普雷斯特科（Pristker, 1999）和莱因哈特（Reinhart, 2000）的净传染效应模型等关于传导机制论述的文献。其从制度视角将问题分析与政策建议结合在一起，发现监管制度的改善有利于金融稳定的维系，尤其是利坦（Litan, 1997）提出的以竞争对抗危机的制度导向。另外，他还归纳了关于货币政策与金融稳定关系的文献。在货币政策对金融稳定的影响方面，以施瓦茨（Schwartz, 1963）为代表的传统观点认为，货币政策有利于缓冲价格水平及利率水平的波动，从而促进金融稳定。但另有一部分学者认为货币政策容易对金融稳定产生负面影响，比如席勒（Healer, 2001）认为，货币政策失当将引起通货膨胀，若继续使用货币政策对通货膨胀进行治理，还可能影响银行的利润水平从而导致银行危机。史密斯和阿格特恩（Smith and Egteren, 2005）提出，中央银行实行的旨在抚平利率波动的货币政策实际上并不会促进金融稳定，而只是把原本应由商业银行承担的风险转嫁到中央银行。"新环境假设论"认为，低通货膨胀的环境使经济个体对经济做出更加乐观的预期，而这种偏离实际的预期容易导致资产泡沫甚至影响金融体系的稳定性。

① Douglas W. Diamond, Philip H. Dybvig. Bank Runs, Deposit Insurance, and Liquidity [J]. Journal of Political Economy, 1983, 91 (3): 401-419.

② Maurice Obstfeld. Evaluating the Risky Consumption Paths: The Role of Intertemporal Substitutability [J]. European Economic Review, 1994, 38 (7): 1471-1486.

③ Frederic S. Mishkin. Global Financial Instability: Framework, Events, Issues [J]. Journal of Economic Perspectives, 1999, 13 (4): 3-20.

④ Stefan Gerlach, Frank Smets. Contagious Speculative Attacks [J]. European Jounal of Political Economy, 1995 (11): 45-63.

事实上，自20世纪部分国家或地区相继爆发金融危机并引起全球经济动荡以来，已有不少学者强调了金融稳定对经济整体的重要意义。安德鲁·克罗克特（Andrew Crockett，1997）① 认为，金融活动的交易总量大且经济主体对其参与程度高，鉴于金融交易在整个经济活动中所占的权重，金融稳定对整个经济体的稳定格外重要。特别地，安德鲁·克罗克特（Andrew Crockett，1997）② 指出，无须外部干预而达成的金融稳定更有助于提升公众的信心，其对经济整体的积极意义更为重要。但事实上，笔者认为，仅由供求双方交易、没有第三方参与的金融活动③未必能够自发地保持稳定，西方经济体的经济周期就是一则反例，金融活动的交易机制没有一定之规，能够在长期中维持稳定的金融体系一定有其值得借鉴的制度优势。

埃尔特·胡本、简·凯克和加里·辛纳西（Aerdt Houben，Jan Kakes and Garry Shinasi，2004）④ 对金融在经济中越来越高的参与程度做出了详细论述，以更具有说服力的论据说明了金融稳定对经济整体的重要意义。他们指出，在过去的几十年间，金融部门在整个经济体系中的地位变得越来越重要：首先，从总量上来看，金融体系的扩张速度远快于实体经济，特别是在发达经济体中，每年的金融资产总量都为实体经济产量的数倍；其次，从组成结构上来看，一方面金融逐渐深化，另一方面金融体系中的非货币资产比例显著上升，相应地，基础货币的杠杆增大；再次，产业整合与跨国整合使国内、国际的金融体系交织得越来越紧密；最后，金融工具复杂化、金融行为多样化以及金融风险相伴转移等表现都意味着金融体系变得更复杂。上述趋势一方面表明了金融对经济的作用日益重要，另一方面也揭示了金融的风险与脆弱性，因此对金

---

①② Andrew Crockett. Why is Financial Stability a Goal of Public Policy? Maintaining Financial Stability in a Global Economy [J]. Economic Review, 1997, Fourth Quarter：28-30.

③ 这里事实上可以指全部经济活动，当然也包括金融活动在内。

④ Aerdt Houben, Jan Kakes, Garry Shinasi. Toward a Framework for Safeguarding Financial Stability [R]. IMF Working Paper, 2004.

融稳定的要求也越来越高。

周中胜和罗正英（2010）[①] 从金融发展的视角对金融稳定与经济增长之间的关系进行了分析，并基于对金融稳定与经济增长、经济发展之间关系的既有文献进行的总结提出，无论金融发展与经济增长、经济发展之间的协调关系如何，金融与经济之间都是互相影响的，金融稳定是经济增长及经济发展的前提，同时，经济增长与经济发展的速度、质量和结构也影响着金融稳定。同时，他们将影响金融稳定的因素归纳为金融体系内部冲击与实体经济的外部冲击两类，并整理总结了评估一国或一个地区金融稳定程度及其预警的目标、指标和方法，其中评估与预警指标又分为微观审慎指标和宏观审慎指标。

更为具体地，埃尔特·胡本、简·凯克和加里·辛纳西（Aerdt Houben, Jan Kakes and Garry Shinasi, 2004）[②] 罗列出了金融体系对整个经济体的诸多正面影响：在经济体中构建金融体系将有助于生产、财富积累、风险分担等。但是笔者认为，金融体系为经济整体带来的上述良性影响只是金融影响经济的一个可能的方面，良性影响的达成需要条件，因此上述列举的几方面正面影响不妨称作金融体系的预期功能。另外，这几项金融功能之间是一致的还是相互矛盾的也有待商榷。基于此，只能说金融对经济具有重要影响，金融稳定是经济稳步发展的要求，至于金融体系具体能为经济整体带来何种便利尚需进一步研究。

3.1.2 金融不稳定的负面影响

随着金融在经济中的参与程度越来越高，金融体系一旦无法维持稳定，将为

---

① 周中胜，罗正英. 国外金融稳定相关理论研究述评［J］. 国外社会科学，2010（2）：41-45.
② Aerdt Houben, Jan Kakes, Garry Shinasi. Toward a Framework for Safeguarding Financial Stability ［R］. IMF Working Paper, 2004.

经济带来不良的影响。乔治·G. 考夫曼（George G. Kaufmann，1996）[①] 将金融风险归为系统性风险，认为只要金融体系不能稳定，就会使整个经济体系受到牵连，而金融不稳定的诱因越来越多且越来越明显，因此必须关注金融稳定问题。安德鲁·克罗克特（Andrew Crockett，1997）[②] 则指出了导致金融体系不稳定的因素，他认为金融活动就是与金融机构或者在金融市场上签订金融合约的过程，其明显的合约性质使金融合约的不稳定成为导致金融体系不稳定的直接因素，进而相关的经济活动也将受到影响。

埃尔特·胡本、简·凯克和加里·辛纳西（Aerdt Houben，Jan Kakes and Garry Shinasi，2004）[③] 指出，金融不稳定对经济的负面影响与经济活动导致金融体系的不稳定是一个循环的过程，因此金融不稳定对经济造成的不良影响远不止直接影响的部分，还有在循环过程中增强的部分。特别是随着金融体系的扩张、经济自由化与全球化进程的加快，经济活动导致金融不稳定的可能性越来越大。成熟资本市场的持续金融动荡、新兴市场的金融危机、"9·11" 事件后的金融破坏、公司治理混乱带来的风险蔓延等使金融不稳定变得更加严重。但是笔者认为，金融与经济的相互影响未必是一个发散的过程，两者的不稳定因素还可能在循环过程中逐渐收敛，最终均衡于一个稳定的状态。

既有文献中关于金融不稳定对经济造成的负面影响的研究以定性讨论居多，但也有一些学者对其进行了量化分析。吴念鲁和郧会梅（2005）[④] 从金融稳定的反面对其重要性进行论述，认为与金融稳定相对立的一面是金融不稳定，而金融不稳定发展到一定程度就可能演变成金融危机。各种统计数据显示，金融危机对

① George G. Kaufmann. Bank Failures, Systemic Risk, and Bank Regulation [J]. Cato Journal, 1996, 16 (10)：17-45.

② Andrew Crockett. Why is Financial Stability a Goal of Public Policy? Maintaining Financial Stability in a Global Economy [J]. Economic Review, 1997, Fourth Quarter：28-30.

③ Aerdt Houben, Jan Kakes, Garry Shinasi. Toward a Framework for Safeguarding Financial Stability [R]. IMF Working Paper, 2004.

④ 吴念鲁，郧会梅. 对我国金融稳定性的再认识 [J]. 金融研究，2005（2）：152-158.

一个经济体造成的经济损失是巨大的，因此出于对经济利益乃至经济安全的考虑，保护一国的金融稳定是重要的。

格林·霍格思和维克多利亚·萨博塔（Glenn Hoggarth and Victoria Saporta，2001）① 对 24 次金融危机的数据进行了统计，并估计出了单独的银行业危机以及银行与货币的共生危机这两种形式的金融不稳定所导致的财政损失。在样本中，发生在新兴市场国家的危机共计 17 次，发生在发达国家的危机共计 7 次；单独的银行业危机共计 9 次，银行危机与货币危机同时发生的情况共计 15 次。研究结果显示，单独的银行业危机造成的损失远小于共生危机带来的损失，而且新兴市场国家的平均财政损失高于发达国家。

除估计财政损失外，格林·霍格思和维克多利亚·萨博塔（Glenn Hoggarth and Victoria Saporta，2001）② 又以 43 次金融危机为样本，采用趋势产出偏离值的指标估计出金融危机引发的累计产出损失。其中，发生在新兴市场国家的危机共计 30 次，发生在发达国家的危机共计 13 次；单独的银行业危机共计 23 次，银行危机与货币危机同时发生的情况共计 20 次。与前一指标相似，单独的银行业危机造成的损失低于共生危机造成的损失。但是，新兴市场国家的损失低于发达国家的损失，这一点与前一指标的结果有所不同。

统计数据显示，新兴国家化解风险的成本显著高于发达国家。化解银行业风险的平均财政成本是 GDP 的 16%，其中新兴市场国家的平均财政成本是 GDP 的 17.5%，发达国家是 GDP 的 12%。单独的银行业危机的损失占 GDP 比率的估计值为 4.5%。银行危机与货币危机同时发生时的损失占 GDP 比率的估计值为 23%。值得强调的是，财政损失并非危机带来的全部经济损失。格林·霍格思和维克多利亚·萨博塔（Glenn Hoggarth and Victoria Saporta，2001）③ 还根据对趋势产出的偏离估计出金融危机引发的累计产出损失。所有危机的平均累计产出损

①②③　Glenn Hoggarth，Victoria Saporta. Costs of Banking System Instability：Some Empirical Evidence [J] . Bank of England Financial Stability Reviews，2001，10（June）：148-165.

失占 GDP 的比例估计值为 16.9%，与前一个衡量指标相似，银行业与货币的共生危机引起的损失也相对更高，占 GDP 的比例估计值为 29.9%，而单独由银行业引起的危机损失占 GDP 的比例估计值为 5.6%。与财政损失不同的是，发达国家遭受的累计产出损失更大，为 GDP 的 23.8%，新兴市场国家为 13.9%。

同时，还有学者指出，虽然经济学者与政策制定者在金融稳定对经济整体具有重大意义这一点上达成了共识，但是目前对金融稳定问题的关注仍远远不够。斯蒂堪萨·帕坦尼克（Sitikantha Pattanaik，2009）[1] 指出，金融稳定问题的研究具有显著的滞后性，这一特点严重影响了政策制定的有效性。当金融危机爆发时，全球金融稳定结构（Global Financial Stability Architecture）的修订工作才会被提上日程，但修订后的金融体系仍然无法避免金融危机的迅速爆发和蔓延。笔者认为，根据上述学者的举例论证，对于一个金融危机难以避免的国家或地区，需要提供相应的理论或机制对金融危机的爆发进行有效预测，但更为根本的解决之道仍然在于构建一个更为稳定的金融体系。

3.2 如何定义金融稳定

对金融稳定问题的大量关注始于政策制定者，20 世纪晚期，金融危机频繁爆发于多个国家和地区，随后，经济学者也集中对金融稳定的影响因素等进行了理论研究。虽然已有不少学者对金融稳定给出过概念的描述，但迄今为止，似乎并没有一个被普遍认可的定义。S. 奥斯特洛和雅各布·德汉（S. Oosterloo and

---

① Sitikantha Pattanaik. The Global Financial Stability Architecture Fails Again：Sub-prime Crisis Lessons for Policymakers［J］. Asian-Pacific Economic Literature，2009，23（1）：21-47.

Jakob De Haan，2003，2004）① 指出，政策层、中央银行和学术界都已为金融稳定做出过定义，但是，他们对金融稳定的描述却都局限于一个相对片面的领域，尚未出现一个带有普适性的经典描述。本节将对既有文献中对金融稳定的定义进行综述，前人主要从金融不稳定和金融稳定两个角度对金融稳定进行定义。

3.2.1 金融体系不稳定的视角

由于政策层和理论界对金融稳定的关注始于金融不稳定造成的负面影响，尤其是 20 世纪 90 年代初期发生了一系列破坏力越来越大、蔓延面越来越广的金融危机，因此，最初对金融稳定的定义也相应地始于对金融危机对立面的描述，或者说始于金融不稳定的视角。米尔顿·弗里德曼和安娜·施瓦茨（Milton Friedman and Anna Schwartz，1986）② 基于流动性的考虑定义了金融危机，认为如果银行体系遭遇突然的挤兑而又难以获得高额货币、流动性无法被迅速满足时，经济体就遭遇了金融危机。

与之相似的是，弗雷德里克·S. 米什金（Frederic S. Mishkin，1999）③ 从信息的视角对金融不稳定进行了定义，认为金融市场的核心功能在于将资金配置给投资回报率高的个人或企业，即金融市场必须能够判断哪个投资机会是最有益的。金融市场在发挥其核心功能时往往会遇到由信息不对称引起的两方面障碍：逆向选择和道德风险。由于银行业务往往只涉及与客户的私人交易，便于收集客户信息，基本不存在客户信息的"搭便车"情况，同时银行能通过对客户进行监督而获得更大利润，因此银行具备解决道德风险问题的能力和经济动机，在处

---

① S. Oosterloo, Jakob De Haan. A Survey of Institutional Framework for Financial Stability ［R］. De Nederlandsche Bank，2003；S. Oosterloo, Jakob De Haan. Central Banks and Financial Stability：A Survey ［J］. Journal of Financial Stability，2004（1）：257-273.

② Milton Friedman, Anna Schwartz. The Failure of the Bank of United States：A Reappraisal：A Reply ［J］. Explorations in Economic History，1986，23（2）：199-204.

③ Frederic S. Mishkin. Global Financial Instability：Framework，Events，Issues ［J］. Journal of Economic Perspectives，1999，13（4）：3-20.

理逆向选择和道德风险问题时具有明显的优势。一旦银行的信息搜寻能力受到负面影响，银行面临的由信息不对称带来的逆向选择和道德风险问题恶化，难以区分优质客户和低质客户，则无法将资金合理地分配给回报率高的可信投资机会，银行的贷款意愿和贷款规模收缩，好的投资机会得不到所需资金，企业和个人的投资规模随之下降，同时也无法支持原有的消费规模，最终由金融不稳定发展成为经济收缩。事实上，弗雷德里克·S. 米什金（Frederic S. Mishkin，1999）是从金融不稳定的视角解释了经济衰退的原因。

安德鲁·克罗克特（Andrew Crockett，1997）[①] 和戴维斯（Davis，2002）[②] 均强调从金融不稳定对实体经济造成的破坏角度来对其进行定义。他们指出，若经济中存在影响实体经济的金融冲击，那么都可以将其定义为金融不稳定的状态。同样从实体经济的层面对金融不稳定进行定义的还有以下学者。弗雷德里克·S. 米什金（Frederic S. Mishkin，1999）[③] 指出，当信息问题影响了金融体系将资金配置给好的投资机会的功能时，就出现了金融不稳定的现象。奥利维亚·德班特和菲利普·哈特曼（Olivier De Bandt and Philipp Hartmann，2000）[④]、十国集团（Group of Ten，2001）、戴维·霍尔舍和马克·昆坦（David Hoelscher and Marc Quintyn，2003）[⑤] 均将金融不稳定的现象同系统风险联系起来，他们认为金融体系的不稳定是一种系统风险，这是因为，往往当金融机构和金融市场都出现问题且两者对实体经济造成巨大负面影响的时候，就表示金融体系已经不稳定了，而此时经济体所经历的一定是一种系统风险。

① Andrew Crockett. Why is Financial Stability a Goal of Public Policy? Maintaining Financial Stability in a Global Economy [J]. Economic Review, 1997, Fourth Quarter：28-30.

② E. Philip Davis. Towards a Typology for Systemic Financial Instability [R]. Financial Stability Review, The Austrian National Bank, 2002.

③ Frederic S. Mishkin. Global Financial Instability：Framework, Events, Issues [J]. Journal of Economic Perspectives, 1999, 13（4）：3-20.

④ Olivier De Bandt, Philipp Hartmann. Systemic Risk：A Survey [R]. European Central Bank, Working Paper, No. 35, 2000（November）.

⑤ David Hoelscher, Marc Quintyn. Managing Systemic Banking Crisis [R]. IMF Occasional Paper, No. 224, 2003.

在同一分析思路下，美国联邦储备委员会的罗格·W. 弗格森（Roger W. Ferguson，2002）[①] 也结合实体经济对金融不稳定进行了定义，但不同的是，他是站在中央银行的角度下的定义。他认为，对中央银行等政策制定者来说，从金融不稳定的角度为金融稳定制定一个定义更有意义，金融不稳定会对实体经济造成损害，它往往发生于市场失灵及存在外部性的情况下。判断是否存在金融不稳定的状况可以遵循三个标准：第一，重要金融资产的价格是否严重偏离标的物价格；第二，国内或国际金融市场及信用可得性是否受到严重破坏；第三，总产出是否显著偏离或即将可能偏离经济的潜在产出。

加拿大银行的约翰·创尔特（John Chant，2003）[②] 则重点分析了金融不稳定对实体经济造成负面影响的路径。他认为，金融不稳定是金融市场的冲击对经济绩效造成破坏或者可能造成破坏的状态，金融不稳定通过以下途径给经济带来损失：它会使家庭、企业和政府等非金融单位的金融境况受到破坏，金融机构或金融市场无法正常地为经济主体提供融资等服务。由于初始冲击不同，或者金融体系中受到冲击的部分不同，金融不稳定的表现形式也各不相同。

将金融体系的不稳定看作一种系统风险并将其与实体经济由此遭受的破坏结合起来进行定义是一种有益的思考路径，其将整个经济体作为一个完整的体系进行分析，金融体系只是经济体系的一部分。这样的分析思路具有系统性，对问题的分析也更加完备。但是笔者认为，直接用实体经济的衰退结果来描述金融不稳定似乎有些因果倒置，原本金融体系的不稳定是导致实体经济受到负面影响的原因之一，正确的顺序应该是针对构成经济整体的几个系统分别进行系统内的独立分析，再综合起来解释经济整体的情况。值得强调的是，从实体经济受到的破坏

① Roger W. Ferguson. Should Financial Stability Be an Explicit Central Bank Objective？［R］. Challenges to Central Banking from Globalized Financial Systems（Conference at the IMF in Washington，D. C.），2002（September）.

② John Chant. Financial Stability as a Policy Goal［Z］. Essays on Financial Stability，Technical Report，No. 95，Bank of Canada，2003.

反推金融不稳定的定义只是对已发生现象的描述，真正的定义应该单独针对金融体系，在金融体系的内部对不稳定进行定义、描述和解释。

当然，还有部分学者直接通过现象描述的方式对金融不稳定做出了定义。安德鲁·克罗克特（Andrew Crockett，1997）一方面用金融体系内部观察到的现象对其进行定义，他在供职于国际清算银行和金融稳定论坛期间指出，如果没有发生金融资产价格波动、金融机构难以清偿债务等影响经济绩效的金融不稳定现象，那么就是金融稳定的状态；另一方面用整个经济体系中观察到的现象对其进行描述，指出金融不稳定的发生至少具有以下四个特征：第一，金融不稳定会造成实体经济损失；第二，金融不稳定关注的是潜在损失而不是实际已发生的损失；第三，金融不稳定不仅针对银行部门，还包括非银行的其他金融机构和金融市场等；第四，支付体系以及所有风险暴露的金融机构都可能造成破坏力在整个系统内的传播。

3.2.2　金融体系稳定的视角

除了从金融不稳定的对立面对金融稳定进行间接定义，也有学者从正面直接对金融稳定进行描述，同时罗列出了稳定的金融体系所具备的特征。欧洲中央银行的维姆·德伊森贝赫（Wim Duisenberg，2001）从金融稳定的一个层面——货币稳定的角度进行了描述，他认为，总体价格水平稳定、没有明显的通货膨胀或通货紧缩是货币稳定的条件，并指出维持欧元的稳定是欧洲中央银行的重要职能，而金融稳定还没有被普遍认可的定义，但是如果金融体系能够稳健实施其基本功能，则可看成是稳定的。

英国金融服务监管局的迈克尔·福特（Michael Foot，2003）[1] 将金融稳定的条件归纳为四点：第一，货币稳定；第二，经济中的就业水平接近自然就业水

---

[1] Michael Foot. What is Financial Stability and How Do We Get It? ［Z］. The Roy Bridge Memorial Lecture Speech, The Financial Services Authority, 2003.

平；第三，公众信任主要的金融机构及金融市场；第四，经济中实体资产和金融资产的价格波动都不会影响到货币稳定和就业率。安德鲁·G. 霍尔丹、格林·霍格思、维克多利亚·萨博塔和皮特·辛克莱尔（Andrew G. Haldane, Glenn Hoggarth, Victoria Saporta and Peter Sinclair, 2004）① 构造了一个简单模型，根据模型推断出确保储蓄与投资达到最佳水平的金融体系是稳定的。

加里·辛纳西（Garry Schinasi, 2004）② 认为，金融稳定是一种状态，在这种状态中，金融体系能够：第一，在不同活动、不同时点上有效率地配置资源；第二，评估和管理金融风险；第三，降低冲击。稳定的金融体系能够提高经济绩效，有利于财富积累，同时能够阻止外部的负面冲击。因此，金融是一个涵盖了跨时交易和创新的动态概念，金融稳定就是随时间推移而保持连续可变的、与金融元素的各种组合相一致的状态，即能够保证各种金融活动连续、稳定。以二维金融稳定状态为例，考虑金融市场与金融机构的联合稳定，那么利差波动（不稳定的潜在来源）与银行系统资本（可用于吸收冲击的资金）的某些组合为可以促进经济资源有效配置的金融稳定状态，即在这个范围之内的组合是稳定的，其他组合为不稳定状态。这种理念可以扩展至多维的复杂形式。

吴念鲁和郧会梅（2005）③ 则更加细致地分四个层次列示了金融稳定包含的六个要素。第一层次是对经济体中货币和信用的基本要求，要求货币及借贷均保持均衡，从而达到币值稳定和信用关系稳定；第二层次是对金融实体的要求，要求金融机构和金融市场稳定；第三层次涉及国际因素，要求国际收支均衡从而确保汇率稳定；第四层次是对金融体系的整体要求，要求金融体系内的结构稳定，从而使整个金融体系能够适应经济增长和发展的需要。他们强调了金融稳定应该是同步于经济增长和发展的动态稳定。

---

① Andrew G. Haldane, Glenn Hoggarth, Victoria Saporta, Peter Sinclair. Financial Stability and Bank Solvency［Z］. Federal Reserve Bank of Chicago International Conference, September 30, 2004.

② Garry Schinasi. Defining Financial Stability［R］. IMF Working Paper, No. 187, 2004.

③ 吴念鲁，郧会梅. 对我国金融稳定性的再认识［J］. 金融研究，2005（2）：152-158.

向新民（2005a）① 从系统论的视角对金融稳定做了一系列研究。他对金融稳定与否进行了判断，即若基于演进的视角，金融能够从出现之初发展成为当今经济整体不可或缺的组成部分，说明金融系统是稳定存在的，但若从具体的运行过程来看，金融系统从未缺少过波动，因此认为只有从具体运行的视角讨论金融系统中的种种波动是否会导致金融系统的失稳才是有意义的。基于此，向新民（2005a）提出了金融系统的状态稳定、轨道稳定和结构稳定三个层次的定义。

　　他在分析中选择了货币和信用作为两个状态变量，并选取与利率和汇率这两个金融市场上的价格紧密相关的 8 个变量作为状态变量的一般性指标，给出金融稳定与否的判断标准：当这 8 个指标共同作用使商品市场与金融市场同时达到基本的均衡状态时，即可认为金融系统达到状态稳定。进一步考虑时间维度动态地来看，金融系统随着时间的推移不断变动，若金融系统在整个连续的变动过程中，即便有波动也保证不偏离稳定状态的一定范围，则金融系统达到轨道稳定。若再细化地考虑金融系统的各个组成部分及各自的规模，当金融系统达到状态稳定和轨道稳定时，其各组成部分的形式以及规模等构成的金融制度就是一个稳定的金融结构。因此，向新民（2005a）指出，金融稳定是一个动态的过程，即便出现小的波动，只要金融系统内的货币稳定、信用状况保持良好，同时商品市场及金融市场的价格在可接受的范围内保持平稳，就可判定为金融稳定。相对应地，向新民（2005b）② 还以同样的分析思路和分析工具，同样从货币和信用的视角将金融脆弱性定义为与金融稳定相对的概念。

　　还有学者从面对冲击的处理能力方面给出了稳定的金融体系所应具备的表现，认为能够对负面冲击进行妥善处理的金融体系可以被看成是稳定的。弗雷德里克·S. 米什金（Frederic S. Mishkin，1999）③ 指出，信息问题使金融体系容易

---

① 向新民. 对金融脆弱性的再认识［J］. 浙江学刊，2005a（1）：190-195.

② 向新民. 对金融稳定定义的新认识［J］. 中共浙江省委党校学报，2005b（4）：84-89.

③ Frederic S. Mishkin. Global Financial Instability：Framework，Events，Issues［J］. Journal of Economic Perspectives，1999，13（4）：3-20.

遭受冲击，当金融体系在冲击之下难以履行其向好的投资机会配置资金的功能时，就呈现出金融不稳定的状态。荷兰银行的努特·韦尔林克、布莱恩·查普和菲利普·迈尔（Nout Wellink, Bryan Chapple and Philipp Maier, 2002）[①] 提到，荷兰银行为金融稳定下过官方定义，认为稳定的金融体系能够有效配置资源，并阻止冲击对实体经济及其他金融体系的破坏。德意志联邦银行（Deutsche Bundesbank, 2003）指出，若金融体系在发生冲击、承担压力或者经历结构性变迁的同时还能履行配置资源、配置风险以及支付清算等功能，则金融体系是稳定的。

博里奥（Borio, 2003）从宏观审慎的视角指出，能够控制金融系统风险以及由此引起的实体经济产出损失的金融体系是稳定的金融体系。安德鲁·拉吉（Andrew Large, 2003）认为，在金融稳定的状态中，公众对当前的金融体系充分信任，当发生冲击时，金融体系中的流动性和信任使价格不会发生非预期的大幅波动，但事实上要达到这种稳定状态是非常困难的。挪威银行（Norges Bank, 2003）认为，当金融机构或金融市场受到冲击时，如果金融部门能够保持稳健，金融体系不发生危机，则可以认为金融体系是稳定的。欧洲中央银行的托马索·派多亚夏欧帕（Tommaso Padoa-Schioppa, 2003）认为，面对外来冲击，仍然能够配置资金、支付清算的金融体系是稳定的。进一步地，他强调金融体系是一个包括所有金融中介、正式或非正式金融市场、支付清算体系、基本技术支持、法律法规以及监管机构的完整体系，因此金融稳定的定义应该建立在系统观之上。

刘锡良和罗得志（2000）[②] 则用更为严格的抽象理论对金融稳定进行了定义，他们认为金融市场是金融体系的外在表现形式，因此将金融稳定定义为金融市场的均衡。他们提出，当其他条件不变时，金融市场的各个变量形成一种非瓦尔拉斯长期动态均衡，在稳定的金融市场中寻求金融增长，同时，金融增长的过

---

① Nout Wellink, Bryan Chapple, Philipp Maier. The Role of National Central Banks within the European System of Central Banks—The Example of De Nederlandsche Bank［R］. De Nederlandsche Bank Working Paper, 2002.

② 刘锡良，罗得志. 金融制度变迁与金融稳定［J］. 财贸经济，2000（3）：23-31.

程也保持稳定，随着外部条件的显著变化，金融市场的各变量重新调整直至形成新的更高一级的均衡。另外，他们强调，在依据上述定义对均衡进行分析时，选择不考虑时滞问题。

更具体地，他们分析了金融市场的均衡以及金融市场由一个均衡态向更高级均衡态变动所受到的三方面因素的影响：其一，金融与实体经济两者的发展水平影响着金融市场的均衡能否达成，金融归根结底是由实体经济支撑的虚拟经济形式，在实体经济的制约范围之内，金融的发展推动着经济增长与发展，金融市场也可能随着经济发展而向更高级的均衡态变动，金融发展的规模一旦超出实体经济能够承受的范围，就可能由于资源的竞争而使金融与实体经济均遭到破坏。其二，中央银行、政策性银行以及金融政策等金融制度的约束力影响着金融市场均衡的形成，信用制度自身带有不稳定的性质，中央银行的监管可以限制不稳定的金融行为，政策性银行可以帮助弥补金融市场资金配置功能上的欠缺，辅助达成均衡，正确的金融政策也有协助达成金融市场均衡的功能，不当的金融政策则可能带来反面的效果。其三，适当减弱对外国资本的依赖可在一定程度上避免来自外部的金融冲击，从而维持本国的金融稳定。

查尔斯·古德哈特（Charles Goodhart，2004）[①] 提出，专家学者在研究金融稳定相关问题时，有几个值得探索的方向：其一，除考虑单个银行的违约情况，更要从金融体系的整体视角研究金融稳定问题，尝试建立金融体系稳定模型，从而方便考虑金融机构间风险传递及其他相互作用和影响。其二，综合财政政策与货币政策，将两者联系起来共同处理金融稳定问题。其三，将修正的存款机构资本充足率要求与存贷利差以及流动性的问题结合起来，共同考虑对金融稳定的影响。其四，基于金融稳定目的的资本充足率要求和市场价格会计方法都是防范风险的方法，除此之外，尝试构建更多更有效的应对顺周期风险的手段。

---

① 查尔斯·古德哈特. 金融稳定研究的几个新方向 [J]. 中国金融，2004（17）：18-21.

当然，也有学者从其他的视角对金融稳定的定义做了整理，如段小茜（2006）[1] 将金融稳定的定义总结为抵御冲击说、要素描述说、金融功能说、管理系统性风险说和金融不稳定说，罗列出了当时已有文献中解释金融稳定的几种视角。

3.3　什么因素影响金融稳定

金融稳定看似一个简单的状态，实则由多个维度共同构成，只有在各个维度下均达到相应的条件，才可能从整体上达成金融体系的稳定。在前人的研究中，不少文献是从其中一个或几个角度分析了金融稳定的达成条件，这样的分析方法虽然欠缺完整性，但是也不失为分析金融稳定问题的一个视角。本节将分角度对金融稳定的影响因素进行综述，以期为后来研究金融稳定问题的学者提供一个可选择的视角。

3.3.1　宏观视角

部分学者认为，当经济中的一些宏观金融指标出现异常值，或者经济中的企业等微观主体的财务指标普遍出现恶化时，表示经济体的金融系统可能存在不稳定诱因。弗雷德里克·S. 米什金（Frederic S. Mishkin, 1999）[2] 指出，金融不稳定发生的原因包括金融部门资产负债表恶化、利率上升、经济环境中不确定性提高以及资产价格变化导致的非金融部门资产负债表恶化。这些因素往往首先导致

---

① 段小茜. 国内外金融稳定有关问题研究进展与述评 [J]. 财贸经济, 2006 (7): 49-55.

② Frederic S. Mishkin. Global Financial Instability: Framework, Events, Issues [J]. Journal of Economic Perspectives, 1999, 13 (4): 3-20.

货币危机的发生，进而发展成为金融危机。因此，必须提高金融体系的安全性和稳健性，降低未来金融危机发生的可能性，同时，一旦金融危机发生，需要尽快恢复金融体系正常地为具有高回报率的投资机会配置资金的能力。

一方面，国内政府需要着手改革银行体系监管模式，监管范围仅仅局限于资本充足不足以防止金融机构承担过度风险。另一方面，国际组织也应帮助处理金融危机并防止其蔓延，特别是在危机未发生时加强对恶意资本流动的监管，降低金融危机过程中国际资本的流动速度，阻止导致金融危机的资本在危机国家迅速进出。弗雷德里克·S. 米什金（Frederic S. Mishkin，1999）同时还指出，由于新兴市场国家中的贷款合约往往是短期的，并以外币计价，因此新兴市场国家比工业化国家更易促使货币危机演化成金融危机，一旦金融危机发生，也更加难以应对。

对此，国内学者也有观点佐证。戴林和郑东文（2015）认为宏观审慎监管政策是金融稳定的基础。李天宇等（2016）通过实证证明了上述观点，认为宏观审慎监管政策能够通过缓解经济上行区间过高的信贷杠杆来降低系统性风险，确保金融稳定。严佳佳等（2018）从另一个视角提出，制定合意的宏观审慎监管政策是规避系统风险的必要条件。

3.3.2 竞争视角

有学者认为，银行部门竞争加剧的同时，危机发生的可能性增大，导致金融体系越发不稳定。米歇尔·C. 基利（Michael C. Keeley，1990）[1]通过建立一个两时期两状态银行风险承担的简单模型以及举出相应的经验证据，论证了 20 世纪七八十年代美国放松对银行业的监管，银行业进入门槛降低，竞争加剧。在以往的特许经营时代，银行业可以轻易获取超额利润，随着竞争程度越来越高、银

---

[1] Michael C. Keeley. Deposit Insurance, Risk and Market Power in Banking [J]. The American Economic Review, 1990, 80 (5)：1183-1200.

行数量增多同时集中度下降，想要获取超额利润只能涉足高风险业务，而存款保险制度和银行"大而不倒"鼓励了银行资金的代理人去追捧高风险业务，从而形成了挑战金融稳定的潜在诱因。

但也有学者针对这一观点进行了反驳，认为不能为了降低金融体系的风险就遏制竞争。艾伦·N.伯格和戴维·B.汉弗莱（Allen N. Berger and David B. Humphrey，1997）①等专门研究了银行业不能达到完全竞争所造成的损失问题，详细阐述了银行业的效率标准。M. F. M. 卡诺伊、马歇尔·F.冯·戴伊克、简·J. G. 莱曼、路德·A. 德莫伊和尤尔根·薛礼（M. F. M. Canoy，Machiel F. Van Dijk，Jan J. G. Lemmen，Ruud A. De Mooij and Jürgen Weigand，2001）②凭借经验研究估测出偏离完全竞争状态的银行所耗费的平均经营成本比完全竞争的状态高出10%～20%，这部分成本可能只是由于不能达到完全竞争状态所引起的成本的一小部分，而总的成本损失尚未有准确的估测数据。

关于金融体系竞争与稳定的讨论，富兰克林·艾伦和道格拉斯·盖尔（Franklin Allen and Douglas Gale，2004）③提出，众多学者认为金融稳定与竞争之间似乎存在负相关关系，而且由金融不稳定引发的损失易于计算且数额巨大，与完全竞争相对立的集中所带来的损失相对难以估测，因此政策制定者往往将稳定政策置于比竞争政策更为重要的位置上。但事实上，这样的政策制定原则的合理性有待讨论。

竞争与金融稳定之间到底有多大程度的负相关关系尚未确定，因此即使降低竞争程度，又能在多大程度上避免金融不稳定呢？根据熊彼特（Schumpeter，

① Allen N. Berger，David B. Humphrey. Efficiency of Financial Institutions：International Survey and Directions for Future Research［R］. Financial and Economics Discussion Series，Board of Governors of the Federal Reserve System，No. 1997-11.

② M. F. M. Canoy，Machiel F. Van Dijk，Jan J. G. Lemmen，Ruud A. De Mooij，Jürgen Weigand. Competition and Stability in Banking［R］. CPB Working Paper，CPB Document，No. 15，2001（December）.

③ Franklin Allen，Douglas Gale. Competition and Financial Stability［J］. Journal of Money，Credit and Banking，2004，36（3）：453-480.

1950)① 的观点，当对产权的保护较弱时，完全竞争有损于创新激励，不完全竞争更有效率，银行体系的竞争可能导致金融不稳定。富兰克林·艾伦和道格拉斯·盖尔（Franklin Allen and Douglas Gale，2004）的"胜利者占有一切"模型也能够印证上述观点，认为阻止不稳定的发生，政府期望限制竞争，赋予每家银行一定的垄断权力，他们的模型分析结果显示：垄断投资大于分割市场的投资，若将分割市场的纯策略均衡同统一市场的混合策略均衡相比，则可以发现分割市场的创新程度更高，因而竞争与稳定的关系是微妙的。

富兰克林·艾伦和道格拉斯·盖尔（Franklin Allen and Douglas Gale，2000a）②、约翰·H. 博伊德和吉安尼·德尼科洛（John H. Boyd and Gianni De Nicolā，2005）③ 以及 E. 佩罗蒂和 J. 苏亚雷兹（E. Perotti and J. Suarez，2003）④ 等研究了提高竞争程度对金融稳定性带来的不同影响，发现在有些情况下，提高竞争程度反而能增强金融稳定性。富兰克林·艾伦和道格拉斯·盖尔（Franklin Allen and Douglas Gale，2003a）⑤ 曾构建了一个金融中介与市场的一般均衡模型，将福利经济学中经典的中介模型理论与信息不对称假设下的中介模型做了一个类比分析，结果表明，若金融市场、中介与其客户间签订的合约均是完全的，合约只受激励相容的限制，则完全竞争的均衡配置是有效的，不会发生金融不稳定的状况，此时完全竞争就是社会的最优选择，竞争与稳定之间不存在此消彼长的关系；若金融中介采用不完全或有限合约，均衡配置的效率就是有限的，且会引起金融不稳定。虽然降低竞争程度可以提高金融稳定

① Joseph A. Schumpeter. Capitalism, Socialism and Democracy [M]. New York: Harper and Row, 1950.

② Franklin Allen, Douglas Gale. Financial Contagion [J]. Journal of Political Economy, 2000a, 108（1）: 1-33.

③ John H. Boyd, Gianni De Nicolā. The Theory of Bank Risk Taking and Competition Revisited [J]. Journal of Finance, American Finance Association, 2005, 60（3）: 1329-1343.

④ E. Perotti, J. Suarez. Last Bank Standing: What do I Gain if You Fail? [J]. European Economic Review, 2003（46）: 1599-1622.

⑤ Franklin Allen, Douglas Gale. Capital Adequacy Regulation: In Search of a Rationale [R]. Working Paper, Financial Institutions Center at the Wharton School, 2003a.

性，但同时也会降低福利水平，因此社会并不期望通过减少竞争来增加金融稳定性。

基于此，他们提出一个问题：政府发放多少银行业经营特许执照才能够既保证适度竞争又不影响金融稳定？他们构建起一个静态模型，模型中各方程的解就是银行投资组合的均衡规模和均衡风险。他们的结论是：当系统中的银行数量足够多时，银行将更倾向于选择高风险业务以获得超额利润。从这一分析角度来看，竞争与稳定是相矛盾的。还有学者对此进行了经验论证。T. 贝克、A. 德米尔古克-肯特和 R. 莱文（T. Beck，A. Demirguc-Kunt and R. Levine，2006a）[①] 通过对 79 个国家的经验数据进行研究发现，越是银行体系集中的国家，发生危机的可能性就越小。

3.3.3 传染性视角

传染性是造成金融不稳定的又一重要因素，这种观点的核心思想是：一个很小的冲击都有可能蔓延成整个金融体系的系统问题。一些学者分析了传染性、金融不稳定与金融竞争三者之间的相互关系。马克·贝格诺里和巴特·利普曼（Mark Bagnoli and Bart Lipman，1989）[②] 在不完全竞争假设下建立模型对有限数量银行切断传染性的激励及方式进行了描述，他们提出可以由各家银行共同出资提供公共流动性，这样每家银行在阻止传染发生时都必须发挥重要作用，但是这种解决方式需要杜绝"搭便车"的问题。

M. 格兰德斯坦、S. 尼赞和 S. 斯勒斯基（M. Gradstein，S. Nitzan and

---

① T. Beck，A. Demirguc – Kunt，R. Levine. Bank Concentration，Competition and Crises：First Results ［J］. Journal of Banking and Finance，2006a（30）：1581-1603.

② Mark Bagnoli，Bart Lipman. Provision of Public Goods：Fully Implementing the Core through Private Contributions ［J］. Review of Economic Studies，1989（56）：583-601.

S. Slutsky，1993)[1] 对贝格诺里和利普曼（Bagnoli and Lipman，1989)[2] 模型的稳健性提出了质疑。同时，传染性模型的稳健性以及不完全竞争银行的稳定性也有待检验。富兰克林·艾伦和道格拉斯·盖尔（Franklin Allen and Douglas Gale，2000b)[3] 针对完全竞争下银行部门的传染性问题构建了一个模型，描述了银行间市场的金融传染。在完全竞争的假设下，每家银行都足够小，且只能作为价格接受者，其行为对均衡不造成影响，因此银行缺乏为其他金融机构提供流动性的激励，与整个经济体相比，地方流动性需求的一个很小的冲击都可能引起金融体系的系统性风险。L. 赛斯和X. 史（L. Saez and X. Shi，2004)[4] 提出，若银行数量有限，则可能存在为问题银行提供流动性的激励，进而将切断传染性。

3.3.4 制度视角

刘锡良和罗得志（2000)[5] 着重从金融制度变迁的角度分析了金融稳定的影响因素。他们考虑到在金融体系的发展中，货币信用的出现使金融体系自身的不稳定性变得明显，因此以货币信用的出现为界，将金融制度变迁分为诱致性和强制性两种。其中，诱致性金融制度变迁是一个帕累托改进过程，它并不直接促进金融市场的均衡，而是通过降低交易成本来间接地影响均衡；强制性金融制度变迁不是帕累托改进过程，虽然直接影响金融市场均衡，但其有效性要受政府克服运行型缺陷和制度型缺陷能力的限制。

---

[1] M. Gradstein，S. Nitzan，S. Slutsky. Private Provision of Public Goods under Price Uncertainty [J]. Social Choice and Welfare，1993（10）：371-382.

[2] Mark Bagnoli，Bart Lipman. Provision of Public Goods：Fully Implementing the Core through Private Contributions [J]. Review of Economic Studies，1989（56）：583-601.

[3] Franklin Allen，Douglas Gale. Comparing Financial Systems [M]. Cambridge，MA：MIT Press，2000b.

[4] L. Saez，X. Shi. Liquidity Pools，Risk Sharing and Financial Contagion [J]. Journal of Financial Services Research，2004（25）：5-23.

[5] 刘锡良，罗得志. 金融制度变迁与金融稳定 [J]. 财贸经济，2000（3）：23-31.

3.3.5　责任视角

在既有的文献中，有学者从金融监管机构对金融稳定所具有的责任的视角对金融稳定的影响因素进行了总结。段小茜（2006）总结了金融监管与金融稳定的关系。既有文献中，一部分学者从理论上和经验数据上论证了庇古（Pigou，1938）"援助之手"（Helping-hand）的理论，认为金融监管是达成金融稳定的必要条件，另一部分学者则支持施莱弗和维什尼（Shleifer and Vishny，1998）"攫取之手"（Grabbing-hand）的理论。

特别地，托马斯·派多亚欧夏（Tomasso Padoa-Schioppa，2003）[①] 和加里·辛纳西（Garry Schinasi，2004b）[②] 都曾指出，中央银行成立之初，关注金融稳定就是其职责之一，因为中央银行的根本任务就是保证一国货币的信用。P. A. 沃尔克（P. A. Volcker，1984）[③] 举例证明，1913 年美国联邦储备系统成立的首要原因就是要确保稳定而平稳运转的金融、支付系统。斯蒂堪萨·帕坦尼克（Siti-kantha Pattanaik，2009）[④] 认为，稳定的金融体系应具有高度的弹性和稳健性，即使金融机构从事不适当的业务或者金融市场泡沫破灭，也不致影响全球金融体系的稳定；全球稳定金融体系的构建和维系首先要求认识金融危机的成因，认清当前全球金融稳定体系的不足之处。他以发生于 2007 年的次贷危机为例分析了金融危机发生的诱因，认为越来越多的政策制定者开始盲目地追求金融创新。他还提出了治理金融危机、维系金融体系稳定的政策建议，指出发生于 2007 年的次贷危机不同于之前发生在新兴市场国家的金融危机，它是发生在已经形成了成

①　Tomasso Padoa – Schioppa. Central Banks and Financial Stability：Exploring the Land in Between ［Z］. The Transformation of the European Financial System：Second ECB Central Banking Conference，2002（October）.

②　Garry Schinasi. Defining Financial Stability ［R］. IMF Working Paper，No. 187，2004b.

③　P. A. Volcker. Facing Up to the Twin Deficits ［J］. Challenge，1984，March–April.

④　Sitikantha Pattanaik. The Global Financial Stability Architecture Fails Again：Sub-prime Crisis Lessons for Policymakers ［J］. Asian-Pacific Economic Literature，2009，23（1）：21–47.

熟金融市场的国家中的,因此,面对危机也应采取不同于新兴市场国家的处理办法。

他还指出,央行不应为金融机构的过度逐利行为兜底,而应从一开始就按照既定的目标监管整个金融市场,金融市场本身应该是一个自由而有效率的、能够恰当权衡收益与风险的交易场所。在这样的金融体系中,货币对经济的支持才能够不体现在过度膨胀的资产价格上,而是用于支持经济的增长,从而使金融与经济增长建立起良性的互动关系。

查尔斯·古德哈特(Charles Goodhart,2004)[1] 对一国负责金融稳定的部门提出质疑:一些国家将针对单个金融机构的监管职能与针对整个金融体系稳定的职能分别交由不同的机构承担,这样的安排是否存在职能真空或者"搭便车"等问题?吴念鲁和郧会梅(2005)[2] 认为,货币金融政策的制定与金融稳定息息相关,在以往的经验中,宏观货币政策的制定有时会盲目追求扩张,而与金融稳定的要求相违背,随着金融不稳定后果的日益显现,又试图采用另外的货币政策对其进行补救甚至掩盖,这种对金融稳定先破坏后治理的政策往往会加剧金融的不稳定程度。

3.4 如何评估中国的金融稳定

既有文献对金融稳定的各个方面似乎都有涉及,金融稳定的定义、原因及影响因素等似乎都已不是陌生的问题。特别地,也有一些学者专门针对中国的金融稳定问题做出了研究,研究重点主要包括以下几个方面:中国的金融体系究竟有

---

① 查尔斯·古德哈特. 金融稳定研究的几个新方向 [J]. 中国金融,2004(17):18-21.
② 吴念鲁,郧会梅. 对我国金融稳定性的再认识 [J]. 金融研究,2005(2):152-158.

多稳定？什么决定了中国金融体系的稳定？如何在全球化背景下保持中国的金融稳定？

3.4.1 中国的金融体系究竟有多稳定

针对中国金融体系在一个时间段内的发展过程，已有学者通过定性或定量的方法试图对中国金融体系的稳定性程度做出评价。

对中国金融体系稳定性的定量评判方法主要体现为金融稳定评估体系以及金融稳定指数的构建。伍志文（2002）[①] 依据西方相对成熟的金融脆弱性评估理念试图构建一套适用于中国金融体系的评估方法，他选取了分别代表中国金融体系内在特征和外在运行环境的共四个大类指标十八个细分指标，运用 1991～2000 年的相应数据，加权计算出反映中国金融稳定或金融脆弱性的综合指数。评估结果显示，在这十年间，中国金融体系的稳定性从相对稳定变为相对不稳定，后来又转变为相对稳定的状态。1991～1995 年，在中国的金融体系中，银行类间接金融机构的稳定性最低，而金融市场的稳定性最高，同时金融体系运行的大环境也较恶劣，但金融监管机构的存在使金融体系的稳定性略有提高；1996～2000 年，中国股票市场与银行一起成为引起金融体系波动的因素，而金融体系运行的宏观环境及金融监管则力图在保持自身稳定的同时应对金融体系的脆弱性。由此，伍志文（2002）也提出应从制度上重新设计一个能够应对金融脆弱性的全新的中国金融体系。

刘卫江（2002）[②] 对 1985～2000 年中国金融体系的稳定性情况做了一个大致的估测，估测的依据是通货膨胀、财政赤字与实体经济周期三个方面。结果表明，1985 年中国金融体系是不稳定的，1986～1987 年金融体系回归稳定，1988 年和 1989 年金融体系又表现出极端的不稳定，1990～1992 年恢复稳定，1993 年

① 伍志文. 中国金融脆弱性分析 ［J］. 经济科学，2002（3）：5-13.
② 刘卫江. 中国银行体系脆弱性问题的实证研究 ［J］. 管理世界，2002（7）：3-11.

和 1994 年金融体系又出现不稳定诱因，直至 1997 年有所缓和，但 1998~1999 年受到亚洲金融危机的影响，2000 年基本开始恢复金融稳定。

万晓莉（2008）① 在前人研究的基础上构建了一个金融稳定指数，并运用该指数测度了 1987~2006 年中国金融稳定性的变化。由于其稳定性的研究对象主要集中于银行业，因此所选取的衡量稳定性的指标也主要针对银行业，包括用于反映挤兑风险的央行贷款与商业银行贷款总量之比、用于反映流动性的广义货币与全部存款之比、用于反映银行筹资能力的贷款与存款之比、用于反映信贷扩张风险的贷款增长率以及用于反映国外风险传导的银行外债增长率。文中还从数据可获得性的角度解释了没有使用不良贷款比率作为衡量指标的原因，并在指标选取的基础上运用动态因子分析法构建了一个金融稳定指数。将中国的相关数据代入该指数进行经验分析，结果显示，在二十年间，中国金融体系的稳定性总体趋好，其中蕴藏的主要风险为交易的违约风险、利率风险、汇率风险以及随金融创新而产生的风险。

王雪峰（2010）② 的金融稳定指数构建原理遵循查尔斯·古德哈特和鲍里斯·霍夫曼（Charles Goodhart and Boris Hofmann，2001）③ 的总需求视角，并在此基础上考虑了银行贷款总量对金融稳定的影响，从而根据该指数对中国 1998~2008 年的季度数据进行了经验分析。经验分析结果显示，中国金融体系在这一时间段内基本保持稳定，查尔斯·古德哈特和鲍里斯·霍夫曼（Charles Goodhart and Boris Hofmann，2001）的分析体系中所强调的货币政策指标、金融资产价格指标以及文中增加的新增贷款总量指标都表现得比较稳定，当然，中国金融体系在 2007 年出现了过于繁荣的表现，紧接着在 2008 年由于金融危机的冲击而出现

① 万晓莉. 中国 1987~2006 年金融体系脆弱性的判断与测度 [J]. 金融研究，2008（6）：80-93.
② 王雪峰. 中国金融稳定状态指数的构建——基于状态空间模型分析 [J]. 当代财经，2010（5）：51-60.
③ Charles Goodhart，Boris Hofmann. Asset Prices，Financial Conditions，and the Transmission of Monetary Policy [R]. Paper Prepared for the Conference on Asset Prices，Exchange Rates，and Monetary Policy，Stanford University，2001.

收缩，但大体上仍保持着稳定。由此，王雪峰（2010）提出，货币政策指标、金融资产价格指标以及新增贷款总量指标可以作为衡量中国金融稳定的合意指数。

何德旭和娄峰（2011）[①] 同样根据所构建的金融稳定综合指标来判断中国金融体系的稳定性。他们首先通过对已有文献的梳理总结出影响金融体系稳定性的若干指标，然后计算出每一个指标的波动值，最后根据各自的权重相加得出一个金融稳定指数，其中，权重的确定采用的是主成分分析法。在构建了金融稳定指数的基础上，何德旭和娄峰（2011）利用 2000 ~ 2010 年的数据判断得出中国金融体系处于由亚洲金融危机所致的不稳定到有所好转，再因国际金融危机的影响开始恶化，然后依赖金融风险管理力度的增加重新好转的变化趋势。李旭东（2019）从宏观经济、中观金融市场、微观金融机构三个视角构建了金融稳定综合指标，采用因子分析法设定权重，对影响金融稳定的因素进行了分析。

3.4.2 什么决定了中国金融体系的稳定

在既有文献中，有学者从总体上分析了究竟有哪些因素决定了中国金融体系的稳定性现状。其中，有部分学者从理论逻辑上对此进行了探讨。刘卫江（2002）[②] 在对当时中国金融体系的稳定性现状进行判断的基础上，通过进一步的经验数据分析得出：实体经济的增长、实际利率水平与资本产出比的变动均显著影响着中国金融体系的稳定性；财政赤字不是影响中国金融稳定的显著因素；金融自身的因素更不能显著影响中国的金融稳定。对此，刘卫江（2002）从制度角度给出了解释：中国的银行业所面临的是软的预算约束，从而导致银行本身应对风险的能力趋弱，最终表现为银行业的脆弱；中国的银行业产权缺失，缺乏一个明确的经济主体真正以稳定作为银行经营过程中的目标。

---

① 何德旭，娄峰.中国金融稳定指数的构建及测度分析［J］.中国社会科学院研究生院学报，2011（4）：16-25.

② 刘卫江.中国银行体系脆弱性问题的实证研究［J］.管理世界，2002（7）：3-11.

王廷科和冯嗣全（2004）[1] 从中国银行业海外业务扩展与外资银行业参与中国金融业务的视角分析了银行业的开放对中国金融体系稳定性的影响路径。他们认为，从机构层面上来看，国外银行业及国内银行在国外的分支机构的不稳定将通过开放环境中的业务联系传导至国内，从而影响中国银行业的稳定；从监管层面上来看，开放的银行业经营环境将弱化监管的有效性，从而更难应对导致中国金融不稳定的冲击。但是，王廷科和冯嗣全（2004）还指出，由于银行业的开放给中国银行体系稳定性带来的负面影响不及为中国金融发展带来的正面影响，因此对中国银行业的国际化并不持反对态度。应寅锋（2009）[2] 从金融稳定的公共品性质以及市场在维护金融稳定时具有天生的不足的角度阐述了政府职能对金融体系稳定性的必然影响。何国华和沈露（2022）在邹克和倪青山（2019）提出的科技金融综合指标的基础上，基于 2006~2019 年的省际数据，采用因子分析法构建中国金融稳定指标体系，并参照李占风和郭小雪（2019）的研究，利用CRS 乘数模型测度中国金融稳定的影响因素及程度，提出科技金融对中国金融稳定具有显著影响，且影响程度及周期依地域不同而不同。

还有部分学者直接通过回归方程估计中国金融体系稳定性与其可能的影响因素之间的相关关系。戴钰（2010）[3] 通过建立 Logit 时间序列分析模型分别考察了经济增长、物价水平、进出口总量等宏观经济变量的增长速度以及各项存款、汇率水平的增长速度等因素对中国金融体系的影响，通过数据验证得出，储蓄的增加、贸易顺差的增大以及人民币汇率的增长能够显著提高金融体系的稳定性，其他变量对金融体系的稳定性影响并不明显。张雪兰、何德旭和李睿（2010）[4] 主要关注了作为中国金融体系中一个子体系的银行体系的稳定性问题，同样运用

① 王廷科，冯嗣全. 金融发展、金融脆弱与银行国际化［J］. 财贸经济，2004（7）：25-31.
② 应寅锋. 金融稳定视角下的政府职能及其行为研究［J］. 财贸经济，2009（7）：23-31.
③ 戴钰. 基于多元 Logit 模型对我国银行体系脆弱性的实证研究［J］. 经济问题，2010（7）：101-105.
④ 张雪兰，何德旭，李睿. 宏观经济波动与中国银行体系的稳定［J］. 宏观经济研究，2010（12）：15-24.

Logit 模型分析了影响中国银行体系稳定性的主要因素，实证分析的时间段为 1978~2009 年，分析结果显示，高的利率水平不利于生产者进行融资，从而抑制了银行业的发展及稳定；稳定的实际利率水平则有助于为银行业的稳定提供良好的宏观经济环境，从而促进银行业稳步发展；高的资本产出比则表明资金更倾向于流向生产率低的企业，这类企业相对更低的还款能力也不利于银行体系保持稳定。他们根据经验分析给出了相应的政策建议，即避免因过度自由化带来利率的迅速上升、保持人民币的汇率稳定以及力促资本产出比的降低。

3.4.3 如何在经济全球化背景下保持中国的金融稳定

经济全球化是中国金融发展所处的大背景，中国金融体系对稳定的追求并非局限于国内金融机构暂时的稳定性表现，而是在经济全球化的大环境下追求长期的稳定状态，对此，有学者关注了中国的金融体系何以在经济全球化背景下保持稳定。

钱颖一和黄海洲（2001）[①] 指出，若要保持中国的金融稳定，控制来自国内的金融风险无疑是重要的，但却是不够的，还要同时考虑来自国外的冲击。尤其是自 20 世纪 70 年代以来，随着布雷顿森林体系的瓦解，全球金融市场的波动开始变得明显。同时，金融自由化又要求放松金融监管，国际环境的波动为中国金融体系应对各种冲击提出了更多挑战，因而应当促使政府积极处理由金融不稳定带来的损失。另外，钱颖一和黄海洲（2001）指出，银行业的稳定是中国金融稳定命题最重要的部分，特别是中国在加入世界贸易组织（WTO）时，承诺对银行业逐步实行开放，因此应将对中国金融稳定问题的关注集中于银行体系，尽可能地减少银行业的风险暴露，从多个方面提高银行业对风险的防范与应对能力，力争使中国银行业在竞争中保持稳定。

---

① 钱颖一，黄海洲. 加入世界贸易组织后中国金融的稳定与发展 [J]. 经济社会体制比较，2001（5）：35-44.

何德旭（2007）[1]指出，中国的高额外汇储备来源于国际贸易的失衡，并给中央银行的外汇管理甚至货币政策的独立性带来了负面影响，进而影响了中国金融体系的稳定性；同时，当时我国的资本市场尚未发展完善，人民币的升值趋势无疑将引导外资流入中国，但是，一旦人民币的升值趋势减弱甚至扭转，则会使中国的资本市场面临明显的外资撤离，进而给中国金融体系的稳定带来明显的冲击；随着经济全球化的推进，中国金融体系的稳定性还将受到外资金融机构的竞争冲击，国内的金融机构应当在竞争压力下增强业务能力，从而保证国内金融体系的稳定。综上所述，经济全球化背景下的中国金融体系面临着来自外汇储备数量、人民币汇率和外资金融机构进入等多方面的挑战，为在经济全球化的进程中长期保持中国金融体系的稳定，必须从国内金融业入手，深入贯彻改变机制、适应竞争以及增强实力的改革理念。

3.5 既有理论是否适用于解释中国金融稳定问题

在既有的研究文献中，经济学者们已经就研究金融稳定问题的重要意义达成共识，特别地，还有一些学者表达了对中国金融稳定问题的关注，认为可以从对中国金融稳定问题的研究中获得有益的借鉴。在研究过程中，有不少学者分别从各个角度对金融稳定进行了定义，力图在论述问题之前先厘清分析对象，但目前还没有形成关于金融稳定的被普遍接受的定义。在已有的研究中，被关注最多的是影响金融稳定的因素：一方面，学者们试图找出是什么因素使金融体系无法保持在稳定的状态上；另一方面，更多的学者想要厘清如何使一国或一个地区的金

---

① 何德旭. 构建后 WTO 时代金融稳定的长效机制 [J]. 当代经济科学，2007（1）：1-10.

融体系达成并保持稳定。

前人对金融稳定问题的研究或专注于上述某一个方面，或按照研究意义、定义及影响因素的逻辑做出完整论述，既有文献似乎已经包含了金融稳定问题的各个分析视角。但是，在面对中国的金融稳定问题时，既有的理论似乎还不足以提供一个完备的分析框架。既有理论对中国金融稳定问题研究的不适用性主要基于以下几点原因：首先，金融稳定是一个宏观概念，事实上它所针对的研究对象是整个金融体系，而既有文献提供的研究思路大多集中于金融供给层面的现象研究，在宏观上似乎有所欠缺。其次，缺乏一个对金融稳定与否的判断标准，而对达成金融稳定的条件、影响金融稳定的因素等的研究都需要基于对金融体系稳定与否的正确判断。最后，即便是专门针对中国金融稳定问题的文献，也少有成体系、注重长期性的研究，一方面，国外学者更多的是期望从中国金融体系中找到方便效仿，从而应对金融危机的短期政策；另一方面，国内学者更多的是期望找到中国金融体系中存在的问题，从而通过弥补缺陷对其进行修正。

3.5.1 金融体系稳定与金融供给体系稳定

以往关于金融稳定问题的研究通常关注一国或一个地区的金融稳定现象。特别是从金融不稳定的角度切入的研究普遍地将金融不稳定描述为金融机构、金融市场难以履行正常的金融供给功能；相应地，若一国或一个地区的金融机构或金融市场在面临金融危机的冲击时仍然能够正常地提供金融供给，则认为其金融体系稳定。事实上，这是对金融体系稳定与金融供给体系稳定的混淆，根据现象对金融稳定进行描述不失为一种直观的方式，但是金融机构、金融市场等的稳定表现似乎仅为金融供给的稳定。

在对金融稳定这一宏观概念进行界定和分析时应选取一个更为完整的视角，金融稳定至少应该是将金融供给和金融需求同时包含在内的金融体系的稳定。其中，金融供给体系的稳定更多地表现为金融体系中的直观现象，即金融机构、金融市场等在各种情况下均能正常地提供金融供给，这正是既有理论分析着重关注的部分，但事实上，金融供给体系的稳定只是整个金融体系稳定的一个必要条件。金融稳定问题所关注的应该是一个更为宏观的金融体系，不仅包含金融活动的各方参与者，即提供金融供给的金融机构、形成金融需求的经济主体，还包括各方的交易过程，以及交易达成的结果。同时，对金融供给、金融需求和交易结果的关注并非集中于某一时点，而是在整个时间轴上对其进行连续的关注和研究。

当然，本书并不是否认以往研究中对金融稳定概念的界定，相反地，本书认可既有文献对金融稳定现象的描述，这是因为，从现象上来看，一国或一个地区的金融稳定现象确实更为直观地体现在金融供给层面，金融机构的稳定作为金融体系稳定的必要条件，在一定程度上能够反映金融体系的稳定性状况。本书的研究也始于金融供给层面的稳定性现象描述，但这并不意味着本书的研究也局限于金融供给体系的稳定，而是从一个被普遍描述的现象入手，首先针对中国金融供给体系的情况进行论述，其次加入对中国金融需求体系的论述，最后将两者结合起来分析金融交易的过程和结果，因此本书的研究是在一个连续时间轴上展开的包含了金融供给体系、金融需求体系、金融供求交易的过程和结果在内的完整的金融体系稳定性分析。

3.5.2　金融稳定与金融均衡

既有的研究文献虽然不乏对金融稳定的定义，但是对于一国或一个地区的金融稳定与否却缺乏一个统一的判断标准，即什么样的金融体系才是稳定的？或者说，一个稳定的金融体系需要具备什么条件？本书拟在金融均衡的角度下分析中国金融稳定问题，但由于既有文献混淆了金融均衡与金融稳定两个概念，因此需要先厘清这两个概念之间的关系，才能在修正既有理论观点的基础上展开本书的论述。

一般地，相同的现象背后可能存在不同的实质。因此，同样稳定的金融体系可能由不同的稳定机制支撑，同样的金融供求匹配也可能形成于不同的主导机制。金融体系的稳定首先要求金融供给与需求相匹配，而金融供求的匹配并不等同于金融供求的均衡。前者表示金融体系中的金融供给能够满足金融需求，同时金融供给有金融需求与之相对应；后者通常形成于市场，表示金融供给与金融需求两种力量形成的供求匹配状态。因此，金融供求的匹配是金融供求均衡的必要条件，金融供求匹配不一定达成金融供求均衡，但金融供求均衡一定达成了金融供求匹配。金融稳定与金融均衡则是两种可能交叉的状态，达成金融稳定的同时可能金融体系的供求力量并不均衡，当然金融体系也可能达成市场均衡下的稳定状态。

对于金融稳定，它的达成与维持可能依赖于国家与市场两种力量。从现象上来看，金融体系的稳定表现为一国或一个地区的金融机构、金融市场等在面临金融危机时的正常表现。但是，在金融稳定的表象背后，是什么机制支撑着金融体系的稳定表现呢？同时，金融体系中的供求匹配是金融稳定的前提条件，那么，金融供给与需求达成匹配的现象又是由什么机制支撑的呢？

一国或一个地区金融体系稳定状态的达成和保持无疑需要各个层面的协调与配合，一个稳定的金融体系所需要的各个组成部分不是本书所讨论的重点，重要的是，是什么力量主导着金融体系达成并保持稳定。从金融体系运行的主导力量层面看，最极端的两种机制无外乎完全由国家主导的金融体系和完全由市场主导的金融体系，处于中间的是国家与市场共同参与主导的金融体系。

当然，并非每种主导机制下的金融体系都能自发地达成稳定。完全由市场主导的金融体系在配置金融资源方面富有效率，从而容易达成金融交易的均衡，但是单一的市场力量却难求稳定。稳定的形成需要借助供求交易之外的力量，因此完全的市场机制难以支撑金融体系的稳定，这一点本书将在第4章给予详细论述。而完全由国家主导的金融体系可以通过行政指令处于稳定的状态，但却需要极高的成本。

相比之下，国家与市场力量的配合就成为达成并维持金融稳定的合意机制。一方面，金融供给与金融需求在市场力量的主导下达成均衡；另一方面，市场之外的国家主导力量引导着金融供给与金融需求形成于易于达成稳定的范围之内。这种机制下的金融体系既能够达成稳定，又由于市场的自发均衡力量而减少了达成并维持稳定的成本。综上所述，并非每种机制主导下的金融体系均能够达成并维持稳定，同时，金融体系也可能在不同的主导机制之下达成并维持稳定，一国或一个地区首先追求金融体系的稳定，然后进一步追求以更低的成本维持金融体系的稳定。

对于金融供求的匹配，也可能达成于国家的主导或者市场的均衡力量。金融供给与需求的匹配是金融稳定的前提条件，可以说，在一个稳定的金融体系中，金融供求一定首先是匹配的，但是金融供求的匹配可能直接形成于国家的行政指令，也可能形成于市场机制下金融供给与需求的力量抗衡。通过国家行政指令的传达而形成的金融供求匹配需要花费极高的成本，在市场机制的作用下形成的金融供求均衡花费的成本则较低。因此若中国金融体系能在市场力量的作用下达成金融供给与需求的均衡，则不仅为金融体系的稳定提供了必备的金融供求匹配的条件，而且相比通过国家行政指令达成的供求匹配又降低了成本。

综上所述，金融稳定的现象可能由完全的国家主导机制或者国家与市场相结合的机制予以支撑，其中前者是通过行政指令达成金融供求匹配从而形成的金融稳定，后者是通过市场力量达成金融供求均衡从而形成的金融稳定。相比完全的国家主导，在由市场力量达成的金融供求均衡下，金融稳定的达成与维持成本更低，因此不失为一种合意的金融稳定模式。至此，我们可以厘清金融均衡与金融稳定是金融体系中不同层面上的状态，一国或一个地区的金融体系可能只达成了金融均衡，也可能只达成了金融稳定，当然，最好的情况是同时达成了金融均衡及金融稳定，即在金融均衡的基础上实现金融稳定。既有文献的理论分析中更多的是将金融均衡直接当作金融稳定的必要条件，事实上两者并不存在这样的关系，如前文所述，它们之间可能是交叉的关系，只不过，当金融均衡成为达成金融稳定的前提条件时，金融体系就达到了低成本、有效率的金融稳定状态。

3.5.3 研究视角与政策意图

在对经济问题进行研究和探讨时，必然要选取与其关注领域相适应的研究视角，或者与现实中亟须解决的理论和实践问题相适应的研究侧重点。在有关中国金融稳定问题的既有研究中，学者们也表现出了类似的倾向。西方的学者在研究金融稳定的问题时，更多的是从西方主流经济形态出发进行研究，试图阐明金融稳定的重要意义，构建金融稳定的共识性定义，发掘金融危机的诱因，进而构建维护金融稳定的政策体系。中国学者的研究则更多的是对西方学者研究思路的引进，并对中国现阶段的问题提出应对之策。

从西方学者的研究来看，虽然有人也关注了中国的金融稳定问题，但受其研究视角和意识形态的局限，他们难以全面而系统地分析中国金融稳定问题。另外，自金融危机以来，受时局所迫，西方学者的相关研究更加注重短期的政策效应，强调如何改革金融体系，克服当前危机的影响。在这种思路下，一部分西方学者希望从中国的金融体系中找到可以为其所用的成分，进而提出可以完善西方金融体系的改革观点。

从中国学者的研究来看，对金融稳定问题的相关研究与西方相比起步较晚。就目前已有的研究看，在理论方面，学习西方、引进西方的内容较多；在实践方面，更多的是使用西方成型的方法评估中国的金融稳定状况；在政策方面，与当前西方情况类似，更多关注政策的短期效应，较少关注金融稳定实现的前提问题和长期问题，因此关注更多的是局部问题，在一定程度上缺乏对中国金融体系的全盘梳理和研究。还有一些中国学者把中国金融稳定问题作为"中国模式"的一部分进行研究，希望找出蕴含其中、可以被全世界共享的先进经验与做法，这类研究是十分有价值的探索，但是由于研究目的使然，单纯就中国金融稳定问题的研究而言缺乏一定的全面性，进而可能在客观性上有所偏差。

总体来讲，虽然西方经济学者的既有工作对继续开展中国金融稳定问题的研究十分有帮助，但我们无法从全面、中立且客观的角度出发，系统地剖析中国金融稳定问题，因而不能盲从其研究成果。而由于金融稳定概念引入中国的时间较短，目前中国国内对此问题的系统性研究并不多见，探讨更多的是中国金融稳定的局部问题。本书的研究思路更倾向于从金融稳定的本源出发，尽可能避免意识形态和价值判断的影响；更加倾向于全面、客观地审视中国金融稳定问题，尽可能避免受到金融体系中局部因素的诱导；更加倾向于维护中国金融长期稳定，尽可能避免有短视特征的研究结论和政策建议。

4

中国金融稳定悖论：理论分析

本章将先从理论上厘清达成金融稳定的前提条件，其中既包括了西方市场机制下实现金融稳定的条件，又包括了金融供求市场均衡缺失的金融体系达成稳定的可能路径；再结合中国的现实情况分析中国金融体系何以达成金融稳定，试图对中国金融稳定悖论进行解释。

4.1 金融市场均衡视角：金融不稳定

基于中国金融稳定的现状存在一个悖论，即中国金融体系何以在不具备金融供求市场均衡条件的情况下达成金融稳定？为此，我们需要先对金融稳定达成的原因进行梳理。首先，当今主流经济体中的金融体系是在市场机制下运行的，虽然在这种类型的金融体系中也爆发过危机，但是在多数时期内维持着金融稳定，因而本节先对西方主流经济体中市场机制下的金融稳定达成条件进行分析。其次，除主流经济体的市场机制外，还存在其他的金融体系运行方式，非市场机制下的金融体系可能无法满足市场机制下金融稳定的达成条件，在这种情况下金融体系还能否达成稳定？若存在达成稳定的可能性，那么又是通过什么方式克服金融稳定条件的缺失的？本节将对此做一个理论上的梳理。

4.1.1　金融均衡与金融稳定

在完全由市场机制主导的金融体系中，金融稳定的达成事实上包含了两个层面的要求，首先要求金融供给与金融需求能够形成匹配，其次要求在金融体系中提供金融供给的机构能够正常履行金融功能，即对金融供给体系稳定表现的要求。

首先，对于金融供求的匹配要求，在完全的市场机制下，金融供给方与金融需求方在市场的价格机制下进行各项金融交易，自发地调整并寻求金融供求均衡，在这种情况下达成的供求均衡是一种市场均衡。由于上述市场均衡是在市场机制下自发达成的，因此对当前主流的市场机制下的金融体系来说，在金融稳定问题上就无须刻意关注金融供求的匹配，只要金融供给体系的表现稳定，则金融体系就可以达成稳定了。其次，完全的市场机制下的金融稳定对于金融供给体系的稳定性要求也较为宽松，只要在金融体系中提供金融供给的金融机构不发生大范围的倒闭，整个金融体系不发生高比例的违约现象，即可认为金融供给体系达到了稳定性要求。

因此，在当前主流的市场机制下的金融体系中，金融供求的市场均衡是金融体系稳定的前提。只有金融供给与金融需求先自发形成了市场均衡，才有可能达成金融体系的稳定。当前西方国家的金融体系虽然并非纯粹地由市场主导，但其运行情况基本符合完全市场机制下金融体系的特征。本节据此建立一组模型，试图简单、鲜明地描述以西方金融体系为代表的主流市场机制下金融供求均衡的自发形成过程。

在一个完全由市场机制主导的金融体系中，金融供给与需求、金融资源的配置均完全形成于市场的力量，假设金融体系中的金融供给与金融需求涉及价格和数量两个变量，在任意一个时点上，金融服务的供给数量都是价格的增函数，金融服务的需求数量是价格的减函数。用一个联立方程组表示金融体系的交易活动，包括一个金融供给函数和一个金融需求函数，则有：

$$\begin{cases} S = S(Q, P): Q = Q_s(P) & (4.1) \\ D = D(Q, P): Q = Q_d(P) & (4.2) \\ Q \geq 0 & (4.3) \\ P \geq 0 & (4.4) \end{cases}$$

其中，式（4.1）表示完全由市场主导的金融供给，S 表示金融服务的供给，Q 表示金融服务的数量，P 表示金融供给的价格，S(Q, P) 表示 S 是 Q 和 P 的函数，$Q = Q_s(P)$ 表示金融服务的供给数量是价格的函数；式（4.2）表示完全由市场主导的金融需求，D 表示金融服务的需求，D(Q, P) 表示 D 是 Q 和 P 的函数，$Q = Q_d(P)$ 表示金融服务的需求数量是价格的函数[1]。式（4.3）和式（4.4）是确保方程有实际意义的约束条件。需要说明的一点是，若上述变量为一维向量，则该联立方程组表示在任意一个时点上金融体系中的金融供给与金融需求，若上述变量为 n 维向量，则该联立方程组表示在 n 个时点上金融体系中的金融供给与金融需求[2]。

由式（4.1）与式（4.2）构成的联立方程组可知，当 S = D 时，金融供给与金融需求达成匹配。上述联立方程组的前两个是等式方程，含两个方程和两个未知数，且金融供给的数量与金融需求的数量随价格的变动规律不同，前者是价格的增函数，后者是价格的减函数，因此两个方程联立可以求得数量和价格的解，但是求得的解需符合式（4.3）和式（4.4）的约束条件。特别地，根据新古典经济理论的假设，供给量是价格的单调增函数，需求量是价格的单调减函数，可

---

① 在本章中，字母 S、D、Q、P、$\overline{Q}$、$\overline{P}$、S(Q, P)、D(Q, P)、$Q = \overline{Q}$、$P = \overline{P}$、Q(P) 代表的含义相同，下文不再重复说明。

② 该说明对以下四组联立方程组一并适用。

以得出在任意一个单一的时点上，金融供求的解是唯一的，但是只有这一对解满足式（4.3）和式（4.4）的不等式约束时才有意义。

将上述联立方程组表示在一个在以金融服务的价格为纵坐标、金融服务的交易数量为横坐标的平面直角坐标系中，如图4-1和图4-2所示。

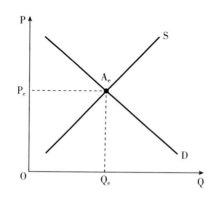

图 4-1　完全市场主导的金融供求（一）

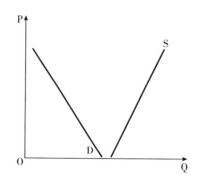

图 4-2　完全市场主导的金融供求（二）

图4-1和图4-2表示了任意一个时点上完全市场机制主导下金融体系供给与需求的均衡情况。其中，S是金融供给曲线，D是金融需求曲线，与新古典经济理论中简单情况下的假设相一致，供给函数和需求函数都是关于数量、价格的二

元一次方程，供给量是价格的单调增函数，需求量是价格的单调减函数，因此，S 是一条向右上方倾斜的直线，D 是一条向右下方倾斜的直线。在某一单一时点上，供给曲线与需求曲线最多只有一个交点，可能如图 4-1 所示，有且只有一个交点，此时说明由式（4.1）和式（4.2）求得的解满足式（4.3）和式（4.4）的约束；也可能如图 4-2 所示，供给曲线与需求曲线无交点，即由式（4.1）和式（4.2）求得的解不满足式（4.3）和式（4.4）的约束。

只有如图 4-1 所示情况下的金融供给和需求才可能达成均衡，均衡点为 A_e，此时金融供给与需求相等，均衡数量为 Q_e，均衡价格为 P_e。看似市场机制主导下的金融体系也存在达不成均衡的可能，但事实上，图 4-2 所示的情况基本不会出现，图 4-2 中的供给曲线表示，即使金融服务的价格为零，金融服务的供给也是大于零的，这与现实中的金融供给情况不符。诚然，金融机构的确有时提供价格为零的金融服务，但金融机构这么做的目的通常是提供其他更多价格大于零的金融服务，即便从金融体系中金融服务供给的平均价格来看，金融供给曲线也应与纵轴有交点。因此，从图 4-1 中容易看出，在任意一个时点上，完全由市场机制主导的金融体系容易达成供求均衡。

上述模型描述了完全市场机制下金融供求均衡的自发形成过程，自发形成的市场供求均衡是金融稳定的前提条件。完全由市场机制主导的金融体系在寻求金融稳定时不需关注金融供求的匹配，金融供给方与金融需求方根据各自的力量在市场中进行较量和交易，由市场机制通过交易的方式完成金融供求的匹配，从而金融体系只需关注提供供给的金融机构的稳定。

但是，在一个完全由市场机制主导的金融体系中，市场只是促使供给与需求达成均衡的机制，由图 4-1 可以看出，金融供给与金融需求都内生于金融体系内部，而市场本身只具有撮合供求各方达成交易、最终形成均衡的力量，均衡数量、均衡价格的形成只取决于金融体系内供求各方的特征，至于金融供求市场均衡点形成于什么位置，则取决于市场交易各方的力量对比和特征，它们往往与市场的整体走势相一致，一个时间段内的金融供求均衡点形成的趋势总会随市场的周期而波动。将上述均衡点的趋势表示在一个以金融服务的数量为纵坐标、时间为横坐标的平面直角坐标系中，如图 4-3 所示。

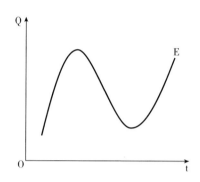

图 4-3　完全市场主导的金融体系稳定

在图 4-3 中，曲线 E 表示由各个时点上的均衡点组成的图形。在由连续时点组成的一个时间段内，金融体系中均衡点的位置难以抗拒市场的整体波动趋势，它们往往随整个市场的经济周期一同波动。金融服务的交易量随着经济的繁荣而攀升，同时也随经济的衰退而减少。虽然经济的波动可能给金融供给体系的稳定带来负面冲击，但正常范围内的经济波动并不足以影响金融体系的稳定。当然，当经济处于萧条时期时，金融体系中在市场机制主导下能达成的金融交易可能更少，同时违约风险可能更高，此时完全由市场机制主导的金融体系中的金融交易也会日渐萧条，甚至可能出现部分金融机构的倒闭，金融体系随经济周期产生的波动在一定程度上将影响金融体系的稳定。

总之，在完全由市场机制主导的金融体系中，金融供求的市场均衡是金融稳定的必要前提条件。但是，上述条件可以在市场机制下自发达成，因此对于市场机制下的金融体系，对稳定的追求事实上也只需集中于对金融供给体系的稳定要求。只要经济体系不出现剧烈的波动，金融机构就可以保持正常的经营状态，从而金融体系也就能够在金融供求市场均衡的前提下达成稳定。

4.1.2 金融非均衡与金融不稳定

按照市场机制下的金融体系对金融稳定的要求，金融供求市场均衡的达成是金融稳定的必要前提条件，只有金融供给与金融需求先在市场机制下自发形成了均衡，才有可能达成金融体系的稳定。那么对于并非由市场机制主导的其他类型的金融体系来说，由于缺乏市场机制而无法形成金融供求的市场均衡，因此，从完全市场机制主导下的金融体系对稳定的分析逻辑来看，缺失金融供求市场均衡这一必要条件必然无法达成金融稳定。

对于非市场主导的金融体系，若将其从金融供给与金融需求的角度进行划分，则可分为以下三种情况：第一，金融供给在非市场机制的主导下形成，而金融需求形成于市场机制的主导；第二，金融供给在市场机制的主导下形成，而金融需求形成于非市场机制的主导；第三，金融供给与金融需求均在一种市场以外的机制主导下形成。其中，前两种情况的供求匹配分析相似，因而只选取第一种情况作为代表进行分析；第三种情况可以看作前两种情况的特例。

本部分先对第一种情况进行分析。对一个金融供给完全在非市场机制主导下形成，同时金融需求完全在市场机制主导下形成的金融体系来说，金融供给的形成不取决于市场因素，甚至与市场机制无关，但金融需求来自参与经济活动的经济主体，由市场的价格机制决定，因而完全取决于市场因素。此时金融供给与金融需求需要在同一个金融平台上寻求匹配、达成交易，两种决定机制下的金融供给与金融需求缺乏一个一致的匹配机制，因而无法调和金融的供求，更无法形成金融供求的市场均衡。

更进一步地，上述机制下的金融体系不仅无法形成金融供求的市场均衡，甚至也不存在其他能够代替市场机制来匹配金融产品和服务的统一机制，这样的金融系统甚至无法达成供求匹配，更谈不上稳定。

在对第一种情况进行分析之后，本部分试图建立一组模型用以描述上述金融体系难以达成供求市场均衡甚至无法达成供求匹配的情况。同样地，假设金融服务的交易活动只涉及价格和数量两个变量，因此可以说，在每一时点上，金融供给都是一个常量，金融服务的供给价格与供给数量均由非市场机制的主导形式直接给定；在每一时点上，金融服务的需求数量都是需求价格的函数。若用一个含有金融供给函数和金融需求函数的联立方程组表示完全由非市场机制主导形成金融供给、完全由市场机制主导形成金融需求的金融体系，则有：

$$S = S\,(Q,\ P)：Q = \overline{Q},\ P = \overline{P} \tag{4.5}$$

$$D = D\,(Q,\ P)：Q = Q\,(P) \tag{4.6}$$

$$Q \geqslant 0 \tag{4.7}$$

$$P \geqslant 0 \tag{4.8}$$

其中，式（4.5）表示完全由非市场机制主导形成的金融供给，金融供给的数量与价格均为常量，$\overline{Q}$ 表示金融供给数量的一个常量，$Q = \overline{Q}$ 表示 Q 是常量且等于 $\overline{Q}$，$\overline{P}$ 表示金融供给价格的一个常量，$P = \overline{P}$ 表示 P 是常量且等于 $\overline{P}$；式（4.6）表示完全由市场机制主导形成的金融需求，Q（P）表示 Q 是 P 的函数。式（4.7）和式（4.8）是约束条件，意在确保 Q 和 P 有实际意义。与上一组联立方程组相同，当上述变量为一维向量时，联立方程组表示在任意一个时点上的金融供给与金融需求，当变量为 n 维向量时，联立方程组则表示在 n 个时点上金融体系中的金融供给与金融需求。

由式（4.5）与式（4.6）所构成的联立方程组可知，当且仅当（Q，P）服从函数 Q（P）时，金融供给与金融需求才在点（Q，P）达成匹配。即在任意一个时点上，金融供给与金融需求达成匹配的概率微乎其微，进一步地，设任一时点金融供求达成匹配的概率为 q_i，当且仅当每一连续时点上都有（Q_i，P_i）服从函数 Q（P），即每一连续时点上的金融供求均达成匹配（概率为 $q_1 \times q_2 \times \cdots \times q_n$）时，才有可能达到金融体系的稳定。

因此，完全由非市场机制主导形成金融供给、完全由市场机制主导形成金融需求的金融体系几乎不可能达成供求的匹配，从而更不可能达到稳定状态。将上述联立方程组表示在一个以金融服务的价格为纵坐标、金融服务的交易数量为横坐标的平面直角坐标系中，如图4-4所示。

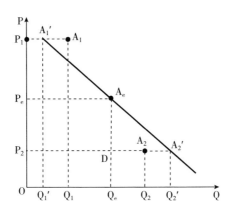

图4-4 非市场主导的金融供给与市场主导的金融需求

图4-4表示任意一个时点上金融体系中的金融供给与金融需求，其中，D表示金融需求曲线，与新古典经济理论相一致，需求量是价格的减函数，D是一条向右下方倾斜的直线。由于金融供给的数量与价格都是给定的常量，因此金融供给曲线的形状是一个点，如上文所述，当且仅当外生的金融供给函数 $S(\overline{Q}, \overline{P})$ 服从金融需求函数 $Q(P)$ 时，才可能达到金融供求的匹配。

一般地，金融供给曲线可能为 A_1，即金融需求曲线的右上方，或为 A_2，即金融需求曲线的左下方，也可能为 A_e，即金融需求曲线上。当金融供给曲线为 A_1 时，完全由非市场机制主导形成的金融供给数量为 Q_1，价格为 P_1，供给大于既定价格下的需求，此时，实际达成交易的数量为 Q'_1；当金融供给曲线为 A_2 时，完全由非市场机制主导形成的金融供给数量为 Q_2，价格为 P_2，供给小于既定价格下的需求，此时，实际达成交易的数量为 Q_2，在上述两种情况下，金融体系内的供给与需求无法达成匹配。

只有当金融供给曲线为 A_e 时，与金融需求曲线相交于 A_e，此时金融供给与需求相等，供求达成匹配，数量为 Q_e，价格为 P_e。从图 4-4 中容易看出，只有表示金融供给曲线的点落在金融需求曲线上时，金融体系的供求匹配才得以达成，而表示金融供给曲线的点落在金融需求曲线外的任意一点时，匹配都是无法达成的。

图 4-4 描述了在任意一个时点上金融供给与金融需求完全无法达成市场均衡甚至无法达成匹配的情况，而连续时点上的金融供求匹配要求每一时点的金融供给曲线均落在金融需求曲线上。因此，图 4-4 直观地表明，在一个完全由非市场机制主导形成金融供给，同时完全由市场机制主导形成金融需求的金融体系中，金融供求的市场均衡是完全不可能形成的，在缺失必要条件的前提下，金融稳定更是不可能达到的。

综上所述，对于在市场机制下运行的金融体系，金融供求的市场均衡是形成金融稳定的必要前提条件。而在非市场机制下运行的金融体系中，当金融供给完全由非市场机制主导形成，同时金融需求又完全形成于市场机制的主导时，金融供求不仅无法达成市场均衡，甚至也因为两者的不同决定机制而无法达成供求的匹配。

但是，既然金融供求的市场均衡是市场机制主导下的金融体系达成稳定的条件，那么，对于由非市场机制主导的金融体系，是否存在其他机制作为市场机制的替代，从而寻求一种其他形式的金融供求匹配，进而达成金融体系的稳定呢？

上文提到，非市场主导的金融体系还存在第三种表现形式，即金融供给与金融需求均在一种市场以外的机制主导下形成。与前两种情况不同的是，均由非市场机制主导的金融供给与金融需求可能拥有共同的决定机制，进而有可能在一个统一的决定机制下达成金融供求的匹配。这种统一的决定机制作为市场机制的替代形式，虽然无法使非市场机制金融体系中的金融供给与金融需求自发达成市场均衡，但是可能使两者达成供求匹配，从而借助市场之外的力量寻求金融稳定。

非市场机制下的金融供求决定形式无法利用市场中的价格机制实现供求的匹配，相反地，与市场机制调节金融供求的方式不同，由于非市场机制无法将对金融供求的决策过程体现在金融交易的过程中，因而不能自发地达成两者的均衡。非市场机制的决策过程表现为金融供求背后的各方效用的博弈，在博弈之后最终以行政指令的方式安排金融供给与金融需求。

因此，在完全由非市场机制主导的金融体系中，金融供给与金融需求均由市场之外的行政指令直接给出，因此，在每一时点上，金融供给是一个常量，它的价格和数量均为直接给定，需求亦然。类似地，将完全由非市场机制主导的金融体系用一个含有金融供给函数和金融需求函数的联立方程组表示，则有：

$$\begin{cases} S = S\ (Q,\ P):\ Q = \overline{Q},\ P = \overline{P} & (4.9) \\ D = D\ (Q,\ P):\ Q = \overline{Q},\ P = \overline{P} & (4.10) \\ Q \geqslant 0 & (4.11) \\ P \geqslant 0 & (4.12) \end{cases}$$

完全由非市场机制主导的金融体系从形式上来看是最简单的一种情况，在任意一个时点上，金融服务的供给与需求均由非市场机制直接给定，金融供给的数量和价格、金融需求的数量和价格均为常量。特别地，由于金融供给与需求均完全由非市场机制主导，因此通过行政指令更容易使金融供求相等，即金融供给的数量等于金融需求的数量，金融供给的价格等于金融需求的价格，从而完全由非市场机制主导的金融系统有 S=D。将上述联立方程组表示在一个以金融服务的价格为纵坐标、金融服务的数量为横坐标的平面直角坐标系中，如图 4-5 所示。

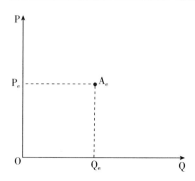

图 4-5　完全国家主导的金融供求

图 4-5 表示在任意一个时点上完全由非市场主导的金融体系中金融供给与金融需求的情况。由于金融供给与需求均由非市场机制主导，因此金融供给函数和金融需求函数表示在坐标轴中均为一点，同时，根据式（4.9）和式（4.10），金融供给函数与金融需求函数一致，分别代表上述两个函数的点重合，即为 A_e，数量为 Q_e，价格为 P_e。可见，即使缺乏市场机制的主导作用，金融体系仍有可能达成金融供给与金融需求的匹配，因此，在并非完全由市场机制主导的金融体系中，金融供求的市场均衡不再是达成金融体系稳定的必要前提条件，只要存在对市场机制的有效替代方式，能够使金融体系中的金融供求达成匹配，就有可能达到金融稳定的状态。

更进一步地，完全的非市场机制不仅能够代替市场机制形成金融供求的匹配，还可以直接通过行政指令确定金融供求匹配点的位置，使连续时点上的金融供求匹配点保持连续并形成越来越好的趋势。金融供求匹配于一个稳步递增的趋势可以说是一种更好的金融稳定形态，若将这种形式的金融稳定状态描述在以时间为横轴、以金融服务的数量为纵轴的平面直角坐标系中，则如图 4-6 所示，由各个时点上的供求匹配点组成的曲线 E 为一条向右上方倾斜的直线，用金融服务的稳步递增来表示金融体系的稳定。

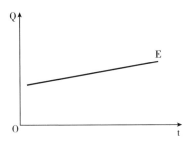

图 4-6 完全国家主导的金融体系稳定

综上所述，在完全由市场机制主导的金融体系中，金融供求的市场均衡是金融稳定的必要前提条件，只有金融供给与金融需求在市场的资源配置机制下自发达成均衡，才可能达成金融体系的稳定，相对应地，无法达成金融供求均衡的金融体系不可能达成金融体系的稳定。除市场机制下的金融体系，还存在少部分其他主导机制之下的金融体系表现形式。当金融供给与金融需求一方由市场机制主导形成、另一方形成于非市场机制的主导时，既不可能达成金融供求的市场均衡，也不可能达成金融体系的稳定。而当一国或一个地区的金融体系完全由非市场机制主导时，其金融供求也可能在行政指令下达成匹配，此时似乎更容易形成一种更有形态的金融稳定状态。至此，中国金融稳定的悖论似乎得到了破解：在由非市场机制主导的金融体系中，只要存在一种统一的供求决定机制使其能够达成匹配，也有可能形成稳定状态。

4.2 中国金融制度均衡

4.2.1 中国金融供给概况

在中国的金融发展历程中，国家在一定程度上持续主导着金融供给，同时，国家的行为决策理应是根据国家或全体公民的效用最大化原则做出的。但是，国家是一个集体概念，站在国家这一整体的角度上做出的决策难以交由整体来执行，因此国家的决策需要由其代理人来完成，即看似由国家决定的金融供给事实上是由国家的代理人来提供的。在中国，中央政府是国家的最典型意义上的代理人，它代理国家设置能够提供金融供给的机构或场所，这些金融机构都是代理国家提供金融供给的国家代理人。其中，每一类金融机构又有诸多形式，它们分别具有各自的层级设置。

从中华人民共和国成立至今，中国金融体系经历了重大变革，从最初仅由一家银行支撑整个"大一统"的单一金融体系①，到后来中国人民银行独立履行中央银行职能、四家国有大型专业银行与其他银行以及非银行金融机构共同经营②，再到中国人民银行逐步明确和细化中央银行职能，建立政策性银行实施国家政策性金融安排，四大国有独资商业银行与股份制银行、城市商业银行以及外

---

① 严格地说，中华人民共和国成立之前的 1948 年 12 月 1 日，中国人民银行就在原华北银行的基础上合并原北海银行及原西北农民银行，于河北省石家庄市正式组建成立。直至 1978 年，中国人民银行一直作为中国唯一的国有大型金融机构，行使着发行法定货币、金融行政管理、经理国库等中央银行职能以及面向各经济主体的吸收存款、发放贷款、汇兑业务、外汇业务等商业银行职能。但这一阶段的中国金融体系尚处于成长的起步阶段，主要任务是辅助财政体系筹资金安排，用以支持国家的经济恢复和重建。

② 1979~1993 年可以算作中国金融体系发展的一个过渡阶段。在这一时间段里，有四家专业银行先后从中国人民银行中分离出来。其中，1979 年 2 月 23 日，国务院发布《关于恢复中国农业银行的通知》，中国农业银行恢复建立；同年，中国建设银行、中国银行分别从中国人民银行正式分设出来；1984 年 1 月，中国工商银行从中国人民银行中正式分离。同时，中国人民银行不再履行商业银行职能，得以专门行使制定货币政策、监管金融机构以及维持金融稳定等中央银行职能。除此之外，其间还成立了其他银行以及保险公司、证券机构、信托机构、租赁公司、基金公司、信用合作社等非银行金融机构。

资银行并存，非银行金融机构迅速发展①，然后到四大国有商业银行成功进行股份制改造，以国家控股的股份制商业银行的身份积极参与国有银行体制改革②。时至今日，中国的金融机构种类日益丰富，机构的运营也日益规范化，金融体系更加饱满。

中国的金融供给就是由这样一个纵横交错的金融网络提供的。在横向上，存在着若干类提供金融产品和服务的金融主体，分别提供多种类型的金融产品和服务；这些金融主体的分支机构则构成这一金融网络的纵向要素，分布于各个行政区划，将金融产品和服务的供给延伸至切实进行金融交易的主体。

总的来说，中国金融供给的科层体系是结构完整、严格有序的。虽然每一笔金融交易的达成不失以价格为准则③，但是金融产品和服务的供给体系中却包含

---

① 1995 年 3 月 18 日第八届全国人民代表大会第三次会议通过《中华人民共和国中国人民银行法》，该法明确列出中国人民银行的具体职责。1994 年，国家开发银行、中国进出口银行和中国农业发展银行三家政策性银行正式组建成立，其主营业务定位于不同于商业性金融的政策性金融范畴。其中，国家开发银行成立于 1994 年 3 月 17 日，主要为基础设施、基础产业以及支柱产业等关乎国家经济命脉的重大项目及配套工程提供建设资金；中国农业发展银行成立于 1994 年 11 月 8 日，主要为政策性农业项目以及涉农商业项目等提供信贷资金，旨在服务于中国农业与农村经济发展；中国进出口银行成立于 1994 年 7 月 1 日，其主要融资对象为从事对外承包工程和境外投资的企业，以此帮助具有优势的中国企业积极参与国际经济与贸易。1995 年 5 月 10 日第八届全国人民代表大会常务委员会第十三次会议通过《中华人民共和国商业银行法》，对国有商业银行的组织机构及业务内容等进行了规定，当时的四大国有独资商业银行为中国工商银行、中国农业银行、中国银行以及中国建设银行，另外，股份制银行、城市商业银行以及外资银行都是中国商业银行体系的有机构成部分。此外，其间还成立了其他银行以及保险公司、证券机构、信托机构、租赁公司、基金公司、信用合作社、企业的财务公司以及地方融资平台等典型的非银行金融机构。银行与非银行金融机构均实行分业经营。

② 中国银行 2006 年 6 月 1 日于香港联合交易所上市、2006 年 7 月 5 日于上海证券交易所上市；中国工商银行 2006 年 10 月 27 日分别于香港证券交易所、上海证券交易所同时上市；中国建设银行 2005 年 10 月 27 日于香港证券交易所上市、2007 年 9 月 25 日于上海证券交易所上市。

③ 在微观的金融交易中，市场的价格规律是被普遍遵循的，每一笔交易的达成都必定考虑了价格因素（更广义地说，每一笔交易的达成都必定考虑了成本因素，但价格一定是成本的重要组成部分）。一方面，金融产品或服务的每一点变化在价格上都会有所体现（当然，价格随产品或服务差异的变化不一定是平滑的，即价格的变动未必灵敏，价格的导数未必连续，事实上当变化累积到一定程度才可能影响价格，即价格的变动可能是阶梯状或脉冲式的）；另一方面，价格也影响着金融交易参与者的交易选择。

了一个层次分明的科层结构①，甚至可以说，中国的金融供给主要是由一个有序的科层体系来提供的。首先，国家位于中国金融供给科层体系的最上层，国家的金融供给意愿等同于全体公民的金融供给意愿，即最初的国家金融供给意愿是以全体公民最大效用为原则的。其次，国家的整体性特征决定了必须存在一个中央政府作为国家的代理人，传达国家的金融供给意愿并实施国家的金融供给决策，中华人民共和国中央人民政府是中华人民共和国国务院，由国务院相关各部、各委员会执行金融供给决策，构成中国金融供给科层体系的第二层。最后，中央政府制定的金融供给决策传达至科层体系内的下一层执行，中国金融供给科层体系的第三层有两条分支：第一条分支是国家控股的金融机构（包括国家控股商业银行、邮政储蓄银行、国家控股的证券公司、国家控股的信托投资公司、金融租赁公司、国家控股的保险公司等金融市场上各领域的国家控股金融企业）、具有股份制银行或从事证券相关业务的公司股权的国有企业、政策性银行和资产管理公司等政策性金融机构等②；第二条分支是地方政府③。上述金融机构和其他相关的国有企业以及地方政府依据中央政府的决策进行金融供给活动，并将金融供给决策传达给下一层金融机构或地方政府。位于中国金融供给科层体系第四层的机构包括国有控股商业银行和邮政储蓄银行的下一层分支机构、由非金融类国有企业分散持股的股份制商业银行、国有企业的财务公司、地方政府控股商业银行等。中国金融供给科层体系的每下一层都是上一层金融企业的分支机构，依次类推。

与此同时，中国金融监管体系中的一行两会制度在一定程度上可以使处于第

---

①　本书所讨论的科层结构重点不在于企业内部的层级关系，而是将一家企业看作一个整体。在整个经济体中，并非仅有市场的价格规律主导经济主体的行为，还有行政指令；并非仅有企业内部才存在行政指令和层级关系，还有企业"黑箱"之外。当然，本书将企业与其分支机构之间、中央政府与地方政府的科层关系也纳入讨论之中，主要是考虑到企业的分支机构以及各级政府都具有较强的独立性。

②　上述金融机构或企业均特指中国的机构或企业，本书中其他各处出现的相关字眼也代表相同的范畴。

③　本书中的"地方政府"特指中国的地方政府。

· 88 ·

三层级以及更低层级的机构以较小的偏差执行上一级的金融供给决策。这是因为中国人民银行、中国银行保险监督管理委员会、中国证券监督管理委员会均为独立于金融供给科层体系之外的监管机构，它们由中央政府设立。这样一套庞大而复杂的监管机构的设立，目的是对中国金融供给科层体系中的各个层级乃至各个机构的金融供给行为进行监管，确保国家意志得到体现和实现金融稳定。

综上所述，在我国的金融供给体系中存在一个近乎严格的科层结构，国家根据全体公民效用最大化的原则制定的金融供给决策在中国金融供给科层体系中层层传达，并通过"一行两会"的纠偏机制对金融供给决策传达和执行过程中可能出现的偏差进行纠正。因此，在国家主导的中国金融供给科层体系中，最终得以实施的金融供给行为能够符合国家使全体公民效用最大化的金融供给意愿。

4.2.2　中国金融需求概况

与中国的金融供给决定机制相对应，中国的金融需求也在很大程度上受到国家的主导。但是，国家对金融需求的影响主要体现在对发展方式和产业结构等方面的调控与引导，同时，由于中国体制内经济比重较大，国家可以从一个比较长的时间维度上对企业和个人的金融需求进行跨期规划。

从形式上来看，中国的金融需求不同于中国金融供给的集中①，需求来自符合理性人假设的个人、企业等各类经济主体，他们在金融市场上分别按照各自的最大效用表达着对金融产品和服务的需求，相对分散的金融需求似乎是在市场机

---

①　中国金融供给的集中从外在表现上体现在金融供给业务的集中，如存贷款业务以一个较大的比例集中于国家控股的几家大型商业银行，保险业务集中于几家大型保险公司。更进一步地，正如本书第5章所述，中国的金融供给实质上集中于一个层次分明的金融供给科层体系，各金融机构遵循着一致的金融供给意愿。这个科层体系包括形式上集中了更多金融供给的几大国家控股商业银行，也同样包括看似金融供给规模较小的其他银行、证券公司、信托公司等各类金融机构。甚至连外资金融机构所提供的金融供给都在一定程度上与中国的国家金融供给意愿相契合。

制下自发形成的。但是，从实质上来看，中国的金融需求却基本是在国家的规划与主导下逐步形成并发展起来的①，甚至部分金融需求还是应国家②对金融需求的规划而产生的③。中国金融需求行为的背后体现着国家的金融需求意愿，同时，国家金融需求意愿的背后体现着国家和全体公民的整体效用。

在我国经济发展的时间轴上，国家对金融需求的规划一直影响着其变化与发展，金融需求的形式越来越多，但是大体上始终是国家主导下的金融需求。中华人民共和国成立之初，金融体系亟待重建为社会主义国家的新金融体系，特别是在 1949~1952 年中国经济体制的初期探索期间，金融体系比较单薄，旧时的金融机构面临接管与整顿，个人、企业等经济个体对金融的需求受到抑制，国家的资金需求也主要通过财政系统解决，甚至连中国人民银行都是归口财政经济委员会管理。此时，单独的经济个体对金融的需求很少，最主要的金融需求直接来自

---

① 对于在中国参与经济活动的经济主体来说，他们符合新古典经济理论的理性人假设。只是在新古典经济理论中，理性人假设体现在：假设消费者进行消费行为的目标是追求既定预算约束下的最大效用，生产者进行生产活动的目标是追求既定成本下的最大产量。而本书出于理论的普遍适用性的考虑，更一般地将所有经济主体从事经济活动的目标假设为在既定约束下追求效用的最大化，即在约束条件一定的前提下，这里强调的是：效用的大小是影响经济主体进行决策的唯一指标。同时，能够给经济主体带来效用的并非只有经济利益，还有更多能够带来满足感的因素，比如第 5 章提到的声誉；对经济主体产生约束的也不仅仅包括经济方面的考虑，制度也是约束经济主体从事经济活动的限定条件。那么，在金融需求的问题上，个人、企业等经济主体对金融产品和服务的需求就取决于金融需求对经济主体的效用影响，而这里的效用也并非简单地来自经济利益的增加，还要考虑违背国家的金融需求规划所造成的负面影响，同时，国家对金融需求的规划也构成经济主体做出金融需求决策的约束条件。

② 确切地说，在这期间，对金融的需求主要来自中央政府。因为国家是一个集体概念，需要有一个明确的代理人代其做出决策、从事活动。在我国，由于中央政府与国家的效用具有高度一致性（关于这一点已在本章 4.2.1 中进行过论述），而且本部分讨论的重点不是金融需求的科层结构问题，因此就不再对国家与中央政府的含义进行特别的说明，只在本章后面论述中国金融需求也具有科层结构时再作区别。

③ 由于本书是针对当前中国金融体系稳定性的研究，本节旨在解释当前中国金融体系缘何如此稳定，本部分是整个解释框架的一部分，是对中国金融需求的说明和论述。由于分析针对的是中国当前金融模式下的发展和现象，而 1979 年的改革使中国金融发生了显著变化，因此本部分的论述是从中国改革开放之后开始的。

国家，即人民币的发行和新的国家货币体系的建立与维护①。另外，存贷款以及票据、汇兑等业务属于传统的金融需求，是国家对金融需求规划的应有之义。

1953 年，我国正式建立并实行高度统一的计划经济体制，国内的经济活动统一服从国家指令性计划，中国金融体系也开始在"综合信贷计划管理体制"下运行。在这期间，提供金融供给的机构基本只有中国人民银行，除执行中央银行职能之外，也代替商业银行提供金融业务，全国的信贷资金均由中国人民银行"统存统贷"。高度集中的银行体制甚至金融体制体现了金融在配置资金时微弱的自主性，这种资金配置方式在形式上表现为金融供给，实际上与财政分配一同在国家的指令下进行资金的分配，但各项金融产品和服务仍然保持有偿的金融形式。在这一时期，金融业务主要包括存款、贷款、汇兑和外汇业务等，相应地，上述几类金融产品和服务的需求也是与国家指令相一致的金融需求，显然是国家规划的一部分。

首先，贷款需求是最直接体现国家指令性的金融需求。其中，国有企业和集体企业以及其他企业中包含的国有成分和集体成分的贷款需求是完全遵循国家指令的，包括贷款时间、贷款金额和贷款期限等在内的全部贷款信息都直接由国家指令。而这些贷款信息的确定则取决于国家的生产需求决策以及财政资金的额度。具体地来看，国家规划中对经济建设的需求、对国有企业和其他集体经济形式开展生产的需求、对农业生产的需求等相应地衍生出对资金的需求，而国家对这部分国有或集体性质的企业制定了定额的财政拨款以满足上述资金需求，但

---

①　在本章 4.2.1 金融供给部分的论述中，没有提到货币的供给，本部分也并未将对货币的需求作为金融需求的一项来分析。这是因为，货币是一种特殊的金融品，它与存单、贷款、股票、衍生金融工具等所有其他的金融品不同。简单地说，后者是可以用货币进行定价的，而货币不能用其自身来定价，如果一定要为货币定价的话，也只能用与之相对应的包括上述提到的存单、贷款、股票、衍生金融工具等在内的所有商品和服务来为其定价。货币体系与商品和服务体系是平行的两种体系，因此，本书不能把对货币的供给和需求放在金融供给、金融需求中进行分析。这里只是把新的国家法定货币的建立和维系当作一种金融需求，并且是当作国家或者说中央政府的金融需求来进行论述。另外，由于与之相对应的金融供给是"提供并维护国家的法定货币体系"，法定货币体系的供给方与金融方相同，不存在金融供给与需求不匹配的问题，因此下文不再单独对这一项金融需求进行讨论。

是，如若资金需求与财政拨款之间产生缺口，则定额之内的资金由财政资金满足，各项经济活动超出计划的定额资金缺口则由贷款满足，由此，国有和集体性质企业的贷款需求完全是在国家的规划之下形成的。另外，在国家的规划中，个体和私营经济的资金需求不能通过定额财政拨款来满足，因此也自然地产生了贷款需求。

其次，国有企业和集体企业以及带有国有和集体性质的其他经济形式的存款需求与个体经济、私营经济以及个人的存款需求，也是在国家规划的主导下形成的。其中，国有企业和集体企业以及带有国有和集体性质的其他经济形式的存款需求是由国家直接决定的。个体经济、私营经济以及个人的存款需求则在很大程度上来自国家对储蓄的倡导。计划经济时期，国家着力于进行经济建设，生产与发展产生大量资金需求，因此国家计划将社会闲散资金以储蓄存款的形式进行集中，可以说，个体经济、私营经济以及个人的存款一方面满足了国家进行经济建设的需要，另一方面也满足了国家所支持的个人日常生活需求，因此在一定程度上也是在国家规划的主导下形成的。

再次，由于我国在计划经济时期实行严格的外汇管制，外汇必须经过国家指令进行分配，加之我国当时实行的是固定汇率制，因此我国计划经济时期的外汇业务需求也基本形成于国家的主导之下，本部分将外汇业务分为与外汇收入相关的业务和与外汇支出相关的业务分别进行讨论。对于与外汇收入相关的业务，在我国的计划经济体制下，外汇以及外汇业务由国家集中管理，对外贸易统一由专门设立的国营外贸公司专营，其外汇需求完全由国家决定，而外汇的需求数量、时期、期限等则取决于国家经济建设、生产中对外汇支持的需要，加之对外贸易中收入的全部外汇必须出售给国家，而汇率则为固定汇率制下的固定比价，因此，计划经济时期与外汇收入相关的外汇业务需求实际上都是遵照国家的指令性计划形成的，所需外汇的数量、时期和期限等均由国家直接制定。与外汇支出相关的业务同样由国家计划直接做出决策。计划经济下外汇高度集中，由国家根据

"以收定支、以出定进"的政策以及国家的进口需求制订外汇支出计划。总之，在计划经济管理体制下，我国与外汇相关的业务均由国家设立的专营外贸公司和中国银行按照国家的计划统一进行，对外汇业务的需求自然也就直接来自国家的规划。

最后，对汇兑等中间业务的需求也在一定程度上形成于国家的规划。汇兑等中间业务的需求也来自企业与个人两个方面。国有企业和集体企业以及带有国有和集体性质的其他经济形式的汇兑业务同企业的其他金融业务需求相似，企业按照国家直接制订的指令性计划从事生产，汇兑业务是随国家规划的生产过程而产生的，符合国家的规划。私营企业和个体经济也可能产生汇兑业务需求，计划经济时期国家允许私营和个体经济从事生产经营，由此产生的汇兑业务需求虽然不像国有经济那样直接由国家的指令安排，但并不违背国家的规划，其汇兑业务总量的数额、时期和期限等要素均在国家的计划之中。另外，个人的汇兑业务需求通常产生于个人的日常生活需要，个人生活水平的提升一直以来都是提高国家效用的重要因素，满足个人正常生活需要的活动都在国家计划所支持的范围之内，国家支持个人汇兑业务的开展以方便个人进行异地汇款，个人汇兑业务的需求因而是随着国家规划的汇兑业务发展而形成的，符合国家的规划。

1978年12月18日，中国共产党召开第十一届中央委员会第三次会议。党的十一届三中全会做出了将党的工作重心转移到社会主义现代化建设上来的决定，推行改革开放政策，着力加强经济建设，由此，中国的经济发展模式发生了重大转变，中国金融体系的发展也随之掀开了新的篇章。大规模的经济改革伴随着金融需求的增加。党的十一届三中全会以来我国实行改革开放，社会主义现代化建设过程中需要的资金不再仅靠财政拨款提供，而是逐渐转为对银行贷款的需求。随着银行贷款规模的增长，我国金融行业的其他业务也逐渐开展起来，各经济主体对金融业务的需求越来越多，但金融需求始终没有离开国家的规划与主导。

党的十一届三中全会做出经济改革的要求之后，中华人民共和国国务院于

1979 年 8 月批转了原中华人民共和国国家计划委员会①、中华人民共和国国家建设委员会、中华人民共和国财政部《关于基本建设投资试行贷款办法的报告》和《基本建设贷款试行条例》。该报告与条例提出，对试行地区内已具备一定条件的企业试行银行贷款的方式，其进行基本建设投资时所需要的资金不再由财政部无偿拨款，而是需向中国人民建设银行申请贷款，再由中国人民建设银行根据国家的基本建设计划酌情提供有偿贷款②。经过两年的试行，国家决定将此项基本建设投资资金"拨改贷"的改革在全国范围内进行推广。

1980 年 11 月，中华人民共和国国务院同意并批转了中华人民共和国国家计划委员会、中华人民共和国国家建设委员会、中华人民共和国财政部和中国人民建设银行的《关于实行基本建设拨款改贷款的报告》，国务院肯定了"拨改贷"的实行成果并要求"从一九八一年起，凡是实行独立核算、有还款能力的企业，都应该实行基建拨款改贷款的制度"。1984 年 12 月，中华人民共和国国务院批转中华人民共和国国家计划委员会、中华人民共和国财政部、中国人民建设银行的《关于国家预算内基本建设投资全部由拨款改为贷款的暂行规定》，该暂行规定要求："从一九八五年起，凡是由国家预算安排的基本建设投资全部由财政拨款改为银行贷款。"

"拨改贷"的实施实际上是将财政资金需求强制地转变为贷款需求，从计划

---

① 中华人民共和国国家计划委员会于 1998 年正式更名为中华人民共和国国家发展计划委员会，2003 年又并入中华人民共和国国务院经济体制改革办公室和中华人民共和国国家经济贸易委员会部分职能，改组成为中华人民共和国国家发展和改革委员会。

② 1979 年 8 月 28 日，国务院发布"批转国家计委、国家建委、财政部《关于基本建设投资试行贷款办法的报告》及《基本建设贷款试行条例》的通知"，同意了该报告和条例。其中，报告在第三部分对基本建设贷款的适用范围及其实施步骤做出了规定："基本建设投资贷款，实行有借有还，谁借谁还的原则。贷款的对象只能是实行独立核算，有还款能力的工业、交通运输、农垦、畜牧、水产、商业、旅游等各类企业。对于行政和无盈利的事业单位，以及国家计划指定的项目，仍实行财政拨款办法。"并对贷款办法提出试行建议："在整个经济管理体制没有改革以前，今明两年先在轻工、纺织、旅游等行业和北京、上海、广东三个省、市中，选择投资少、见效快、利润高、建设条件较好的项目以及交通、铁道、旅游等部门买车、买船等方面的投资进行试点。"进一步地，《基本建设贷款试行条例》对具体的试行办法做出了规定，该条例在第一章第二条对试行地区的试行企业对象做出了规定："凡实行独立核算，有还款能力的工业、交通运输、农垦、畜牧、水产、商业、旅游等企业进行基本建设所需的资金，建设银行可根据国家基本建设计划，给予贷款。行政和无盈利的事业单位，以及国家计划指定的项目，仍由财政拨款。"

经济到党的十一届三中全会以来的经济改革，国有经济的贷款需求几乎经历了从无到有的转变，这无疑是在国家主导下产生的。但是，"拨改贷"的改革计划在实施过程中也有过一些调整。对于企业来说，一部分根据国家的强制要求转变而来的贷款需求面临着难以偿还的问题，因此，1985年12月，中华人民共和国国务院批转中华人民共和国国家计划委员会、中华人民共和国财政部、中国人民建设银行的《关于调整国家预算内基本建设投资拨款改贷款范围等问题的若干规定》，规定部分基本建设项目所需资金无须再由银行贷款的方式提供，而是恢复财政拨款的资金提供方式①。国家对"拨改贷"的改革范围进行了调整，调整之后的企业贷款需求是国家区分了企业贷款偿还能力之后的金融安排，调整之后仍通过银行贷款方式获得基本建设资金的企业具有相对高的贷款偿还能力，这部分贷款需求仍然是在国家主导之下产生的。

"拨改贷"从试点到正式推行再到1988年正式停止实行，前后共经历了十年时间，在这十年间，我国银行的企业贷款部分地取代了财政拨款，国家主导下的贷款需求大幅增加。"拨改贷"的改革虽然在形式上要求符合一定条件的企业在进行基本建设投资时以有偿的银行贷款的方式获取资金，但是，由于企业所承担的基本建设投资项目原本即为国家的指令性建设项目，因此，随项目产生的贷款需求仍然是由国家计划带来的。尽管由"拨改贷"形成的贷款方式十分依赖于国家的指令性计划，但是这一改革带来了国有企业贷款从无到有的重要转变，相比之前新增了重要的金融需求方式，金融需求总量也随之大幅增加。这一期间的个体经济、私营经济以及个人的金融需求与计划经济时期一样，一方面由于其日常生活需要的性质得到国家的支持，另一方面也正因为有国家的支持而表明其得

---

① 该规定对我国基本建设项目投资所需资金的提供原则进行了阐述，规定"从一九八六年起，国家预算直接安排的基本建设投资（以下简称国家预算内投资），分列为国家预算内拨款投资和国家预算内'拨改贷'投资两部分。这两部分投资的数额，根据国家计划对投资结构和投资用向的要求，由国家在计划中确定。实行拨款的建设项目与实行'拨改贷'的建设项目，在资金渠道上分别管理，分别核算，不相混同，不相挪用"，并阐明了使用财政拨款方式提供基本建设资金的项目范围。

到国家规划的认可，它们仍然只占经济总量的较小份额。

1990 年，上海证券交易所、深圳证券交易所相继成立，股票市场创立并稳步发展；1990 年，郑州期货交易所、上海期货交易所分别建立，1993 年又成立了大连期货交易所，继我国三家商品期货交易所相继建立以后，中国金融期货交易所也于 2006 年成立；与此同时，各种固定收益证券以及远期、互换和期权等其他金融衍生品也纷纷出现并在金融市场上开展交易，我国金融市场上涌现出多种创新金融产品，企业开始通过更多的方式自主筹集资金。1998 年，中国人民银行彻底取消了"信贷限额管理"，中国人民银行只对全社会信贷总量实施间接控制，贷款业务需求的表达更加自由，不再是只有依靠国家指令性分配才能满足贷款需求。

值得强调的是，虽然我国金融需求的表达形式日益丰富，金融需求总量也显著增长，但是金融需求从出现到日益丰富在很大程度上仍是在国家的规划之下发展起来的。国有经济、集体经济的金融需求由国家主导自不必说，私营经济和个体经济的金融需求也在一定程度上顺应国家经济发展的需要，虽然不是严格地形成于国家规划，但仍在一定程度上保持着国家主导的性质。特别地，私营经济和个体经济在国家经济总量中仅占据较小的份额，因此可以认为中国金融需求在大体上仍然形成于国家的主导。国家通过对金融需求进行结构性的调整，使最终形成的有层次的金融需求结构与国家和全体公民的最大效用相一致。

另外，国家还通过在金融科层体系外建立第三方机构或提供第三方服务的方式帮助经济主体更客观地展示出自身的信用，形成有效的金融需求。具体地说，经济主体自身信用的真实表达一方面依赖于针对整个社会的信用体系的建立，另一方面依赖于针对单笔金融交易的金融需求方信用的表达，国家对金融需求的扶持和服务也理应兼顾宏观与微观两个层面。

首先，中国共产党第十六次全国代表大会上提出我国社会信用体系的构建①，试图通过统一记录各经济主体在经济活动中的信用情况，为经济主体提供真实、完整的信用信息，当经济主体产生金融需求意愿时，能够方便地表达出自身的相关信息。为此，国务院办公厅还于 2007 年发布了《国务院办公厅关于社会信用体系建设的若干意见》②，对我国社会信用体系的构建和完善提出了指导。其次，国家引导设立担保机构，当符合国家经济发展规划的经济主体因为难以准确、完整地表述自身的信息而无法形成有效金融需求时，担保机构可根据经济主体提供的抵押品、质押品等对其进行担保，这事实上是为经济主体补充其所提供的信息，从而帮助经济主体满足形成有效金融需求的条件。国家从宏观上和微观上两方面对经济主体提供扶持和帮助，引导他们形成与国家和全体公民最大效用相一致的有效的金融需求。

综上所述，中国的金融需求在总体上形成于国家的主导。从中华人民共和国成立之初的国民经济恢复时期到计划经济时期再到党的十一届三中全会之后的改革开放时期，国家对经济活动的直接指令性越来越弱，但是国家仍然一方面通过我国的实体经济系统间接地引导经济主体的金融需求，另一方面通过我国层次分明的金融科层体系对其进行直接调节。另外，国家还从结构上调整着我国不同行业经济主体的金融需求。国家根据全体公民效用最大化的原则制定经济发展规划，并引导符合国家规划的行业以更低的成本形成有效金融需求，同时，通过建立社会信用体系和担保机构等扶持和帮助符合经济发展规划的经济主体形成有效金融需求。

4.2.3 制度均衡下的中国金融稳定

根据本章第 1 节的论述，金融稳定的必要条件是金融供求的匹配而不是金融

---

① 江泽民同志在中国共产党第十六次全国代表大会上的报告第四部分中提到要"健全现代市场经济的社会信用体系"。

② 2007 年 3 月 23 日，由国务院办公厅发布的《国务院办公厅关于社会信用体系建设的若干意见》中明确指出我国要加快建立并完善社会信用体系，并指出"加快推进社会信用体系建设的重要性和紧迫性""社会信用体系建设的指导思想、目标和基本原则""完善行业信用记录，推进行业信用建设""加快信贷征信体系建设，建立金融业统一征信平台""培育信用服务市场，稳妥有序对外开放""完善法律法规，加强组织领导"。

供求的市场均衡，而金融供求的匹配可能形成于市场机制的主导，其表现形式为金融供求的市场均衡；同时也可能部分地形成于国家的主导，针对金融供给与金融需求分别设置严格的科层体系，将国家的金融意愿以行政指令的形式在科层体系中传达。中国的金融供给与金融需求事实上形成于国家对各方效用的权衡，国家最终根据全体公民效用最大化的原则制定出对金融供给与金融需求的规划，它们在各自科层体系中的最终实施表现为国家的一种制度安排，因此，由此形成的供求匹配就表现为金融供求的制度均衡。

在中国的金融供给体系中，一定程度的金融供给是在国家的主导下形成的，国家以全体公民效用最大化为原则形成金融供给意愿，并在一个由金融供给各方参与者构成的科层体系内层层传达国家的金融供给决策，中国绝大部分的金融供给都是在这样一条路径下形成的，它们遵从国家的金融供给意愿，并与国家和全体公民的最大效用相一致。

同时，中国大部分的金融需求也形成于国家的引导，一方面，体制内经济的金融需求直接形成于一个明显的科层体系，另一方面，国家通过对实体经济的发展规划间接引导着体制外经济的金融需求，使最终形成的金融需求与国家根据全体公民效用最大化原则形成的金融需求意愿基本相符。

在中国的金融体系中，金融供给和金融需求大多是在国家的主导下形成的，而国家是根据对各方效用的权衡形成金融供给意愿和金融需求意愿，最终使金融供求决策与全体公民的效用最大化原则相一致。在国家金融意愿的传达和执行过程中，虽然可能由于委托—代理问题产生偏差，但是由此产生的偏差可以通过中国金融体系内的纠偏机制得以有效地纠止和弥补。因此，中国金融体系内大部分的金融供给与需求得以在国家的主导下达成匹配，这种金融供求的匹配表现为国家主导下的制度均衡。

5

中国金融稳定的绩效：经验研究

根据本书的理论分析，中国金融体系并非完全依赖市场促成金融供给与金融需求自发达成均衡，市场是促使金融供求达成匹配的最有效率的资源配置方式。由于金融供给与金融需求的匹配是金融体系稳定的必要条件，非完全市场机制下的金融体系不可能达成市场均衡，从而失去了达成金融供求匹配的最有效率的方式，该类金融体系良好的稳定性表现是制度均衡的结果，即制度上的安排使金融供求达成均衡和稳定。

　　本章试图通过经验研究对以下问题进行回答：非完全市场机制下的中国金融体系将得到怎样的稳定性评价？当中国金融体系以制度均衡的方式作为对市场均衡的替代从而寻求金融供求的匹配时，在制度均衡能够得到认可的情况下，中国金融体系又将得到怎样的稳定性评价？中国金融体系中的制度均衡表现出怎样的金融稳定绩效？无法通过市场机制自发达成金融供求匹配的中国金融体系将在多高的成本下维持稳定，或者说市场化能为中国金融体系的稳定性带来多大的绩效改善？

　　本章将首先构建一个金融稳定评估体系，以美国作为市场均衡下金融体系的代表，利用美国和中国的经验数据对两者的金融稳定做一个绩效比较，在对比之下回答中国金融体系的稳定性评价问题。接着，本章将运用中国金融体系的经验数据对其达成并维持稳定的成本构建一个时间序列模型，根据时间序列分析结果阐明中国金融体系正在经历的市场化能否降低其达成并维持稳定的成本，从而能否为中国金融体系稳定的维持带来明显的绩效改善。

5.1　中国金融稳定的维持效果

中国的金融体系并非完全由市场方式达成金融供给与金融需求的均衡，市场均衡的缺失是否降低了金融体系达成稳定的可能性？这样的金融体系在主流的市场机制标尺下有着怎样的绩效呢？中国金融体系以制度均衡替代市场均衡使金融体系达成供求的匹配，特殊的制度安排又对中国金融体系的稳定绩效有着怎样的影响呢？本节首先从主流的市场机制视角构建一个金融稳定评估体系，由于美国的金融体系拥有典型的市场机制，因此以美国金融体系作为参照，得出中国金融体系的稳定性评分；然后在原有的金融稳定评估体系中加入对制度均衡的考虑，再次得出美国与中国的金融体系稳定性评分，并根据评分对制度均衡下中国金融体系的稳定状况进行分析。

5.1.1　市场均衡视角下的金融体系稳定评估

在主流的西方经济理论视角下，市场是配置金融资源、促使金融供给与需求达成均衡的有效机制，因此，西方经济学者对一国或一个地区金融体系稳定性的评价基本基于市场的视角。在源于西方的金融稳定评估框架中，既有的金融稳定评估体系主要意在根据一系列影响金融稳定的市场指标来为金融体系评分，分数越高代表该经济体的金融稳定性越高。评估的具体步骤为：首先选择影响金融稳定的指标；其次分别赋予这些指标以相应的权重；最后根据构建的金融稳定评估体系为作为研究对象的经济体打分。本部分拟根据西方金融稳定评估体系的构建原理，采用西方经济体的指标选取原则模拟建立一个评估体系，并将美国作为西方经济体的代表，分别将美国和中国的相关指标代入该体系计算各自的稳定性评分。

首先，在市场机制的视角下选取金融稳定评估指标。虽然西方经济学者构建的金融稳定评估体系形形色色，但评估指标的选取范围却基本一致，大致包含影响金融体系运行环境的宏观经济指标以及反映金融体系本身运行情况的微观指标。评估体系由于是在金融危机频发的背景之下逐渐被创建起来的，因此主要用于对金融危机的来临进行事前预测以及对金融危机导致的不良后果进行事后评判，基于提高评估体系准确性的初衷，他们在构建评估体系时所选取的指标越来越复杂、越来越精细。西方经济学者似乎希望选择的金融稳定评估指标面面俱到，但也由此带来一些问题。暂且抛开是否遗漏重要指标的问题，即便是在已归纳出的评估指标范围内讨论，也存在指标冗余、重复和缺乏层次等问题。本书拟在西方经济学者已采纳的金融稳定评估指标的基础上，按照一定的逻辑有层次地归纳一组精简的金融稳定评估指标。

一方面，金融体系在整个宏观体系之内运行，宏观经济环境对金融体系稳定性的影响是直接而广泛的，因此评估体系中必须首先包含反映宏观经济整体情况的指标。既有的金融稳定评估体系中包含的宏观经济指标很多，但事实上，从总体上来说，宏观环境无外乎经济整体的增长水平、就业情况以及物价水平，当然，当经济全球化成为不可避免的趋势时，一国或一个地区与其他经济体的经济联系也构成宏观环境的一部分。上述四个方面与一国或一个地区的宏观经济政策目标一致，而且根据西方经济理论，经济整体的增长水平与就业水平之间具有高度的正相关关系，因此仅采用经济增长水平、物价水平以及汇率水平就足以全面反映宏观环境。具体来说，本书选取的反映宏观经济环境的指标包括 GDP 年增长率（%）、由消费者价格指数测量的通货膨胀年率（%）和实际汇率指数。

另一方面，金融无疑是依附于整个经济体系的，金融活动在经济体系之内发生，但是相应地，经济又在多大程度上依赖金融呢？金融对整个经济的参与度体现了整个经济体系与金融体系之间的重要联系。本书根据金融机构的类型选择了三个最典型的指标：广义货币供应量（M2）占 GDP 的比例（%）、股票交易总额占 GDP 的比例（%）和上市公司市值总额占 GDP 的比例（%）。能够反映金融体系自身情况的指标，本书选取的变量是实际利率（%）、银行资本对资产的比率（%）和银行不良贷款比例（%），其中，实际利率是同时与银行业金融机构和证券市场具有高度关联的指标，后两者则典型地反映了银行业金融机构的质量。

其次，为金融稳定评估指标赋予相应的权重。权重的确定事实上是一个决策过程，由于评估体系设计的指标较多，因此本书根据指标的上述分类先分别在类别之内确定各自的相对重要程度，然后再整体地计算指标的权重。本书采取管理学领域常用的层次分析法（Analytic Hierarchy Process，AHP）计算金融稳定评估指标的权重，这也是西方经济学者在构建金融稳定评估体系时常用的权重确定方法。本书运用层次分析法计算金融稳定评估指标权重时所使用的软件为 Yaahp0.5.0 版本，指标名称与国务院发展研究中心信息网世界银行数据库中的名称相对应。

AHP 法要求将所有指标分层次列示：首先，目标层为金融体系的稳定；其次，准则层为影响金融体系稳定性的三个大类——宏观经济环境、金融对经济整体的参与度以及金融体系自身状况；最后，次准则层为具体指标，即 GDP 年增长率（%）、由消费者价格指数测量的通货膨胀年率（%）、实际汇率指数（2015 年＝100）、广义货币供应量（M2）占 GDP 的比例（%）、股票交易总额占 GDP 的比例（%）、上市公司市值总额占 GDP 的比例（%）、实际利率（%）、银行资本对资产的比率（%）和银行不良贷款比例（%）。

在 Yaahp0.5.0 中建立层次结构模型，然后给出判断矩阵，即在各个层次中对该层次中的指标两两之间进行重要性比较，标度方法可以选择 e^（0/5）~e^（8/5）标度，判断矩阵如下：

$$A = \begin{bmatrix} N/A & 1/2 & 1/3 \\ 2 & N/A & 1/2 \\ 3 & 2 & N/A \end{bmatrix} \qquad B = \begin{bmatrix} N/A & 2 & 2 \\ 1/2 & N/A & 2 \\ 1/2 & 1/2 & N/A \end{bmatrix}$$

$$C = \begin{bmatrix} N/A & 2 & 3 \\ 1/2 & N/A & 2 \\ 1/3 & 1/2 & N/A \end{bmatrix} \qquad D = \begin{bmatrix} N/A & 1 & 3 \\ 1 & N/A & 3 \\ 1/3 & 1/3 & N/A \end{bmatrix}$$

其中，矩阵 A 是准则层两两之间的重要性比较，令 A_{ij} 表示矩阵 A 中第 i 行第 j 列的元素，则 A_{12} 代表在目标层金融体系的稳定中，宏观经济环境与金融对经济的参与度相比，后者比前者"微小重要/有优势"；A_{13} 代表在目标层金融体系中，宏观经济环境与金融体系自身状况相比，后者比前者"稍微重要/有优势"；A_{23} 代表在目标层金融体系中，金融对经济的参与度与金融体系自身状况相比，后者比前者"微小重要/有优势"。A_{21}、A_{31} 和 A_{32} 代表的含义分别与 A_{12}、A_{13} 和 A_{23} 相对应。

矩阵 B、C 和 D 则分别表示在准则层的三个指标——宏观经济环境、金融对经济整体的参与度和金融体系自身状况中，每一个准则层下的次准则层两两之间的重要性比较。在矩阵 B 中，令 B_{ij} 表示矩阵 B 中第 i 行第 j 列的元素，则 B_{12} 代表在准则层宏观经济环境中，GDP 增长率与通货膨胀相比，前者比后者"微小重要/有优势"；B_{13} 代表在准则层宏观经济环境中，GDP 增长率与实际汇率指数相比，前者比后者"稍微重要/有优势"；B_{23} 代表在准则层宏观经济环境中，通货膨胀率与实际汇率指数相比，前者比后者"微小重要/有优势"。B_{21}、B_{31} 和 B_{32} 代表的含义分别与 B_{12}、B_{13} 和 B_{23} 相对应。

在矩阵 C 中，令 C_{ij} 表示矩阵 C 中第 i 行第 j 列的元素，则 C_{12} 代表在准则层金融对经济的参与度中，M_2/GDP 与上市公司市值/GDP 相比，前者比后者"微小重要/有优势"；C_{13} 代表在准则层金融对经济的参与度中，M_2/GDP 与股票交易/GDP 相比，前者比后者"稍微重要/有优势"；C_{23} 代表在准则层金融对经济的参与度中，上市公司市值/GDP 与股票交易/GDP 相比，前者比后者"微小重要/有优势"。C_{21}、C_{31} 和 C_{32} 代表的含义分别与 C_{12}、C_{13} 和 C_{23} 相对应。

在矩阵 D 中，令 D_{ij} 表示矩阵 D 中第 i 行第 j 列的元素，则 D_{12} 代表在准则层金融体系自身状况中，银行资本/资产与银行不良贷款比例相比，"两者具有相同重要性"；D_{13} 代表在准则层金融体系自身状况中，银行资本/资产与实际利率相比，前者比后者"稍微重要/有优势"；D_{23} 代表在准则层金融体系自身状况中，银行不良贷款比例与实际利率相比，前者比后者"稍微重要/有优势"。D_{21}、D_{31} 和 D_{32} 代表的含义分别与 D_{12}、D_{13} 和 D_{23} 相对应。

上述四个判断矩阵均通过了一致性检验，为一致阵，因此可以直接通过软件计算得出各个指标的权重，如表 5-1 所示。

表5-1　金融稳定评估指标权重的计算结果

指标	GDP 年增长率	通货膨胀年率	实际汇率指数	M2/GDP	上市公司市值总额/GDP
权重	0.102	0.0892	0.0781	0.1322	0.1082
指标	股票交易总额/GDP	银行资本/资产		不良贷款比例	实际利率
权重	0.0886	0.1505		0.1505	0.1009

注：指标权重是根据层次分析法计算而得，运用的软件是 Yaahp0.5.0。

再次，对金融稳定评估指标的数据进行标准化处理。金融稳定评估指标有正向指标与负向指标之分。对金融体系的稳定有积极作用的指标定义为正向指标，包括 GDP 增长率、M2/GDP、上市公司市值总额/GDP、股票交易总额/GDP、银行资本/资产；反之则为负向指标，包括通货膨胀年率、实际汇率环比增长率的绝对值、不良贷款比例和实际利率环比增长率的绝对值。本书将两国相应指标的数据进行标准化处理所使用的具体方法是，对于同一年份下的同一正向指标，数据绝对值相对大的一国指标标准化数据赋值100，另一国该指标的标准化数据则按比例缩小；对于统一年份下的同一负向指标，数据绝对值相对大的一国指标标准化数据赋值-100，另一国该指标的标准化数据绝对值按原数据同比例缩小，并取相反数使其同为负值，即：

$$
\begin{cases}
\alpha = 100 \ (|X| > |Y|), \ \beta = (100 \times |Y|) / |X| \\
\alpha = -100 \ (|X| > |Y|), \ \beta = - (100 \times |Y|) / |X|
\end{cases}
$$

最后，根据美国与中国金融稳定评估体系的得分，从市场机制的视角评析中国金融体系的稳定性。西方经济学者对一国或一个地区金融稳定性的判断依据是金融稳定评估体系的评分，评分公式为：将评估指标的数据分别与各自的权重相乘，并将这些乘积全部相加。分数越高，则判断该国或该经济体的金融体系越稳定，得出的结果如表5-2所示[①]。

表5-2　美国与中国金融稳定评分

国家＼年份	2015	2016	2017	2018	2019
美国	19.48	28.47	22.21	21.88	24.87
中国	-2.63	-4.67	3.23	6.15	7.43

注：美国与中国的金融稳定评分是根据表5-1中的指标权重与表5-4和表5-5中的金融稳定评估体系标准化数据计算得来。

根据表5-2的金融稳定评估体系的评分结果，美国在五年间的金融稳定评分均远高于中国。但是，在该金融稳定评估体系中得出的评估结果与现实中的金融稳定情况却存在显著差别，由此似乎可以反推出源于西方的金融稳定评估体系存在对中国金融体系现实状况的忽略。选取评估指标并对其赋予权重进行评分的方法虽然朴素但是不失直观，因此上述评估体系从评分方法上来看不存在问题，那

---

① 评分非百分制，因此分数的数值本身在此没有实际意义，只在比较大小时具有意义。

么就只能是评估指标的选择或其权重有失偏颇。而事实上，根据西方经济学者的思路所选取的金融稳定评估指标重点强调了对市场机制的关注，力图根据金融体系乃至经济体系在市场运行中的表现选取评估指标，却忽略了金融体系达成供求匹配的其他方式。因此，本书接下来将对依据西方经济学者的思路设计出的金融稳定评估体系进行修正，在原有的金融稳定评估体系中加入对达成金融供求匹配的非市场方式的考虑，对金融稳定评估指标的选取及其权重进行调整和修正。

5.1.2 制度均衡视角下的金融体系稳定评估

在从市场机制的视角构建的金融稳定评估体系中，中国金融体系的稳定性评分低于拥有典型的市场机制的美国金融体系的稳定性评分，但是从中国金融体系的运行表现来看，当受到金融危机的冲击时，中国金融体系中的金融机构依然能够正常地提供金融供给，而且中国金融体系的稳定性不仅体现在金融供给体系的外在表现上，同时中国金融体系中的金融供给与需求也能够达成匹配，甚至能够使供求匹配于一个稳定的趋势。究其原因，在非完全市场机制的中国金融体系中，金融供求的匹配无法自发形成均衡，但是依赖于国家的主导直接在各方博弈下达成了金融供求的制度均衡，而恰恰是国家的制度安排使中国金融体系得以达成并维持着稳定状态。同时，由于金融供求的均衡并不等同于金融稳定，而是促使金融体系达成稳定的方式之一，仅在市场均衡视角下构建的金融稳定评估体系无法反映金融体系的稳定性全貌，低估了市场机制之外反映金融体系中制度安排的指标的重要性。因此，本书对原有的金融稳定评估体系做出修正，在原有基础上加入能够反映制度均衡的指标，并对各个指标的相应权重重新进行赋值，试图重新构建一个经过修正的金融稳定评估体系，并在该评估体系下再次对美国与中国的金融稳定性进行评分，从中分析中国金融体系的稳定性现状。

首先，为重新构建的金融稳定评估体系选取合意的指标。在对金融体系的稳定性做评估时，在考虑金融体系乃至经济体本身的市场运行状况之前，先要对金融体系中供求匹配的形成机制进行判断。这是因为，一方面，金融体系的稳定以金融供求的匹配为必要条件，而金融供求的匹配可能是直接在市场机制下形成的均衡，也可能形成于国家主导下的制度安排，因此仅包含市场机制视角的指标不能构成全面的金融稳定评估体系；另一方面，金融稳定的最终达成及维持事实上需要依赖市场之外的力量，即国家的主导是使金融体系从供求匹配达成整体稳定的力量，因而在一国或一个地区的金融体系中是否包含国家的主导力量在很大程度上决定了金融体系能否从供求匹配迈向整体稳定。因此，在对金融体系的稳定性进行评估时一定要将制度性指标作为重要组成部分加入金融稳定评估体系中。

根据本书的理论分析，含有国家主导因素的金融体系容易从金融供求的匹配迈向稳定，因而金融体系中是否含有国家主导因素应该是做金融稳定评估时需要考虑的重要指标。当然，市场机制视角下的指标也很重要，这是因为：其一，即便是当前处于稳定状态的金融体系，也需要规避超稳定风险，因而在金融稳定评估体系的主模型中还需考虑市场机制的参与；其二，市场机制是富有效率的金融资源配置方式，若一国或一个地区的金融体系能够在市场机制下自发地达成金融供求的均衡，则可以在很大程度上节约金融稳定的维持成本。

其次，为重新构建的金融稳定评估体系中的指标进行权重赋值。同5.1.1相似，这里仍然采用层次分析法计算金融稳定评估指标的权重，使用的软件仍为Yaahp0.5.0版本，指标名称也与国务院发展研究中心信息网世界银行数据库中的名称相对应。其一，目标层为金融体系的稳定；其二，准则层除附录一中的三类之外加入主导机制准则；其三，次准则层在5.1.1的基础上加上国家主导和市场机制参与度两个次准则层。

在Yaahp0.5.0软件中建立层次结构模型，两两指标之间重要性比较的标度方法仍选择 $e^{(0/5)} \sim e^{(8/5)}$ 标度，判断矩阵如下：

$$A = \begin{bmatrix} N/A & 1/2 & 1/3 & 1/9 \\ 2 & N/A & 1/2 & 1/7 \\ 3 & 2 & N/A & 1/5 \\ 9 & 7 & 5 & N/A \end{bmatrix} \qquad B = \begin{bmatrix} N/A & 2 & 2 \\ 1/2 & N/A & 1 \\ 1/2 & 1 & N/A \end{bmatrix}$$

$$C = \begin{bmatrix} N/A & 2 & 3 \\ 1/2 & N/A & 2 \\ 1/3 & 1/2 & N/A \end{bmatrix} \qquad D = \begin{bmatrix} N/A & 1 & 3 \\ 1 & N/A & 3 \\ 1/3 & 1/3 & N/A \end{bmatrix} \qquad E = \begin{bmatrix} N/A & 4 \\ 1/4 & N/A \end{bmatrix}$$

其中，矩阵 A 是准则层两两之间的重要性比较，令 A_{ij} 表示矩阵 A 中第 i 行第 j 列的元素，则 A_{12} 代表在目标层金融体系的稳定中，宏观经济环境与金融对经济的参与度相比，后者比前者"微小重要/有优势"；A_{13} 代表在目标层金融体系中，宏观经济环境与金融体系自身状况相比，后者比前者"稍微重要/有优势"；A_{14} 代表在目标层金融体系中，宏观经济环境与主导机制相比，后者比前者"绝对重要/有优势"；A_{23} 代表在目标层金融体系中，金融对经济的参与度与金融体系自身状况相比，后者比前者"微小重要/有优势"；A_{24} 代表在目标层金融体系中，金融对经济的参与度与主导机制相比，后者比前者"十分重要/有优势"；A_{34} 代表在目标层金融体系中，金融体系自身状况与主导机制相比，后者比前者"比较重要/有优势"。A_{21}、A_{31}、A_{32}、A_{41}、A_{42} 和 A_{43} 代表的含义分别与 A_{12}、A_{13}、A_{23}、A_{14}、A_{24} 和 A_{34} 相对应。

矩阵 B、C、D 和 E 则分别表示在准则层的四个指标中，每一个准则层下的次准则层两两之间的重要性比较。在矩阵 B 中，令 B_{ij} 表示矩阵 B 中第 i 行第 j 列的元素，B_{12}、B_{13}、B_{21} 和 B_{31} 代表的重要性比较与附录一中矩阵 B 的含义一致，但 B_{23} 的重要性比较含义有所不同，它代表在准则层宏观经济环境中，通货膨胀率与实际汇率指数相比，"两者具有相同重要性"，B_{32} 代表的含义与 B_{23} 相对应。矩阵 C 和矩阵 D 中每个元素代表的含义与附录一相同。在矩阵 E 中，令 E_{ij} 表示矩阵 E 中第 i 行第 j 列的元素，则 E_{12} 代表在准则层主导机制中，国家主导与市场机制参与度相比，前者比后者"更为重要/有优势"；E_{21} 代表的含义与 E_{12} 相对应。上述五个判断矩阵均为通过一致性检验的一致阵。

由于在对金融体系的稳定性进行评分计算时，先加入"国家主导"因素对金融稳定评估体系进行修正，再对由国家主导的中国金融体系进行再次修正，计算考虑了超稳定风险的金融稳定评分，因此本部分需要计算两组权重，每组权重之和均为 1：第一组是在附录一的基础上加入"国家主导"指标的权重，第二组再加入"市场机制参与度"的权重。本书出于完整性考虑，先运用 Yaahp0.5.0 软件构建包含上述全部指标的金融稳定评估体系层次结构模型，计算出包括"国家主导"和"市场机制参与度"在内的全部指标在评估体系中的权重。随后，在此基础上，在全部指标权重之和中减去"市场机制参与度"的权重，再将其他指标的权重按比例扩大，使调整后的全部指标权重之和仍然为 1。软件计算得出的指标权重如表 5-3 所示。

表 5-3 金融稳定评估指标权重的计算结果

指标	GDP 年增长率	通货膨胀 年率	实际汇率 指数	国家主导	市场机制 参与度	实际 利率
权重	0.0463	0.0379	0.0379	0.3364	0.1846	0.0481
调整权重	0.0568	0.0465	0.0465	0.4126	N/A	0.059

指标	M2/GDP	上市公司 市值总额/GDP	股票交易 总额/GDP	银行资本/资产	不良贷款比例
权重	0.0663	0.0543	0.0444	0.0718	0.0481
调整权重	0.0813	0.0666	0.0545	0.0881	0.059

注：指标权重是根据层次分析法计算而得，运用的软件是 Yaahp0.5.0。

再次，对修正之后的金融稳定评估体系的美国与中国金融稳定性评分进行分析。将美国和中国的相应指标数据及其权重代入金融稳定评估体系即可得出两国的金融稳定评分，在代入公式之前要先对准则层"主导机制"中的"国家主导"

和"市场机制参与度"两个次准则层指标的赋值问题略做说明。其一，由于"国家主导"和"市场机制参与度"是表示制度属性的指标，因此需要根据现实情况赋予抽象的数值。先令美国的"国家主导"数值为 x_1，中国的"国家主导"数值为 x_2，令 $x_i = 0$（$i = 1$，2）表示一国或一个地区的金融体系完全由市场主导，$x_i = 100$ 表示一国或一个地区的金融体系完全由国家主导，数值越大表示国家对该国或该地区金融体系的主导性越强。其二，令美国的"市场机制参与度"数值为 y_1，中国的"市场机制参与度"数值为 y_2，$y_i = 0$（$i = 1$，2）表示一国或一个地区的金融体系中完全没有融入市场机制，$y_i = 100$ 表示一国或一个地区的金融体系中具有很完备的市场机制，因而该金融体系内的金融供给与需求可以在市场机制下寻求均衡，数值越大表示市场机制的完备程度越高。在经过修正的金融稳定评估体系中，美国与中国的稳定性评分如表5-4所示。

表5-4　美国与中国金融稳定性评分

年份 国家	2015	2016	2017	2018	2019
美国	12.77	17.83	14.44	14.41	16.18
中国（超稳定风险发生前）	43.1	42.21	46.58	48.31	49.63
中国（超稳定风险发生后）	−39.42	−40.31	−35.94	−34.21	−32.89
中国（含超稳定风险；化解前）	$1.84 + 0.41x_2$	$0.95 + 0.41x_2$	$5.32 + 0.41x_2$	$7.05 + 0.41x_2$	$8.37 + 0.41x_2$
中国（含超稳定风险；化解后）	$1.51 + 0.34x_2 + 0.18y_2$	$0.78 + 0.34x_2 + 0.18y_2$	$4.35 + 0.34x_2 + 0.18y_2$	$5.76 + 0.34x_2 + 0.18y_2$	$6.83 + 0.34x_2 + 0.18y_2$

注：美国与中国的金融稳定评分是根据表5-3中的指标权重与金融稳定评估体系标准化数据计算得来。

最后，对利用修正之后的金融稳定评估体系得出的评估结果进行分析。至此，从金融稳定评估体系的评分结果中可以看出，两国的金融稳定评分取决于"主导机制"准则层下的"国家主导"次准则层指标。一般情况下，由于美国的金融体系是在市场机制的主导下运行的，因此 $x_1 \approx 0$，而中国则拥有国家主导下的金融体系，即 $x_2 \approx 100$。从数据选取的区间来看，2015～2019 年是全球各国或各个地区金融体系均表现得比较稳定的时期，因此本书利用表5-4 的评估结果分析该评估体系对金融稳定状况的预测意义。同 5.1.1 相似，仍将美国的金融稳定评分当作市场机制下的参照基准，近似地，将 $x_1 = 0$ 代入评分公式。

特别地，x_2 是中国金融体系中的重要制度变量。金融体系在国家的主导之下运行的可能存在超稳定风险，当超稳定风险尚未发生时，国家的主导能够在很大程度上维持金融体系的稳定，此时 x_2 是一个很大的值；当超稳定风险发生时，国家的制度因素则可能无法有效维持金融体系的稳定，一旦金融体系失去了国家的主导同时又缺乏市场机制的作用，则会处于不稳定的状态，此时的国家主导与制度安排则可能成为导致金融不稳定的因素，此时，x_2 为一个负值。本书接下来通过对 x_2 赋予不同的数值来逐一分析国家主导下的中国金融体系在面临不同的超稳定风险时的稳定状况。

不妨先令 $x_2 = 100$，表示将中国的金融体系完全由国家主导的情形，其通过制度安排确定金融供给与需求，并假设中国金融体系在这种情况下不发生超稳定风险。此时，从表5-4 的评估结果可以看出，在 2015～2019 年的五年中，中国的金融体系稳定性评分均远高于美国，说明完全由国家主导的金融体系在不发生超稳定风险的情况卜的稳定状况可能好于市场机制主导下的金融体系。该结果也与 2020 年新冠肺炎疫情对两国的影响状况相吻合，中国的金融体系在席卷全球的新冠肺炎疫情风险点中，能够根据国家的制度安排达成金融供求的匹配，甚至整个金融体系表现得十分稳定。这说明在超稳定风险发生前，国家的主导、制度的安排是促成金融体系达成稳定的重要的支撑机制。

进一步地，国家主导下的金融体系容易遇到潜在的超稳定风险，此时令 $x_2 = -100$，即假设由国家主导、通过制度安排确定金融供给与需求的金融体系中，假设中国金融体系将要爆发超稳定风险。此时，表5-4 的评估结果显示，在

2015~2019 年的五年中，中国的金融体系稳定性评分低于美国，甚至得到了负值，说明完全由国家主导的金融体系一旦发生超稳定风险，会更加脆弱。

因此，对于包含了国家主导因素的中国金融体系来说，"市场机制参与度"是判断未来金融体系能否保持稳定的重要因素，将该指标加入金融稳定评估体系，从而对考虑了超稳定风险的金融体系稳定性做出判断。事实上，中国金融体系的市场机制参与度越来越大，中国的金融体系也正在向更高水平下的稳定状况迈进。

5.2 中国金融稳定的维持成本

根据前文的论述，中国的金融体系虽然一直保持着稳定状态，但稳定的达成及维持机制经历着变革。从中华人民共和国成立至 1978 年党的十一届三中全会之前，中国的金融体系基本是在国家主导之下维持稳定，随着改革开放的实行，中国逐步开始了市场化的进程，金融体系的超稳定风险随之得以控制，同时金融资源的配置效率得以提高。总的来说，市场化为中国金融体系稳定的达成和维持带来了成本的降低。本章将根据前文的分析建立一个回归模型，对市场化推行以来中国金融体系稳定的达成和维持成本做一个实证分析，主要验证其是否受到市场化的显著影响。

5.2.1 模型与数据

根据本书第 4 章的分析，中国金融体系的稳定状态最初主要形成于国家主导下的金融供给与金融需求的匹配，国家的主导使两者匹配于稳定的位置，因此中国金融体系的稳定成本主要取决于金融供给体系的国家主导成本和金融需求体系的国家主导成本，其决定模型如式（5.1）所示：

中国金融稳定成本＝金融供给体系稳定成本＋金融需求体系稳定成本　　（5.1）

其中，由于金融供给体系及需求体系的稳定成本主要来自每一个供给、需求决策的形成和传达，因此这两项稳定成本分别是金融机构所提供的金融供给数量、经济主体的金融需求数量的函数，进而中国金融体系的稳定成本函数是中国金融供给总量和中国金融需求总量的函数。

本书将设立一个系列模型，首先检验各年度金融供给总量和金融需求总量与中国金融稳定成本之间是否存在相关关系，其次通过逐个加入虚拟变量的方式检验向中国金融体系中引入市场机制能否显著降低中国金融稳定成本。考虑到总量层面上存在明显的相关关系，即金融供给总量及需求总量的增加一定会引起整个金融体系稳定成本的增加，因此本书重点研究上述三个变量的增长率，对增长率之间的相关关系进行实证研究，检验金融供给总量和金融需求总量的增长将如何影响金融稳定成本的变化，即令因变量为中国金融稳定成本增量，自变量为中国金融供给增量和中国金融需求增量。

本书在构建回归模型时，通过邹至庄断点检验的方式决定虚拟变量的形式。在我国的市场化进程中，对中国金融体系有较大影响的事件主要有：1984 年，中国人民银行停止履行商业银行职能，开始专门行使制定货币政策、监管金融机构以及维持金融稳定等中央银行职能；1995 年，《中华人民共和国中国人民银行法》《中华人民共和国商业银行法》相继颁布实施；1998 年，中国人民银行彻底取消了"信贷限额管理"，由计划经济时期的综合信贷管理、逐笔信贷限额审批转变为中国人民银行对全社会信贷总量的间接管理；2004 年，国有商业银行股份制改革正式启动。因此，本书设立模型时将分别对 1984 年、1995 年、1998 年和 2004 年四个时点做邹至庄断点检验，并对具有显著断点的时点加入相应的虚拟变量进行回归。

接着，本书将为模型变量选取相应的指标及数据。本书拟设立的回归模型中含有中国金融体系稳定成本增量、中国金融供给增量以及中国金融需求增量三个变量。其中，由于中国金融体系的稳定成本主要为使金融供给与需求相匹配于能够保持金融稳定的范围的成本，即金融供求决策的制定与传达成本，因此其主要组成部分为行政成本，用于达成并维持金融稳定的行政成本基本是国家财政的一个固定组成部分，因而本书选用国家财政决算支出作为衡量中国金融体系稳定成本的指标①。这里考虑到价格变化对变量的影响，因而用居民消费价格指数剔除该变量中的价格因素，用实际价格水平下的国家财政决算支出代表中国金融体系稳定成本。相应地，本书对经价格调整的国家财政决算支出逐年计算环比增长率，用国家财政决算支出增长率代表中国金融体系稳定成本增量。

由于金融需求从形式上形成于各个经济主体，因此本书选取国内生产总值指数作为衡量中国金融需求总量的指标②，同样地，考虑价格水平变化的影响，用居民消费价格指数剔除价格影响，并用经价格调整的国内生产总值指数环比增长率代表中国金融需求增量。同时，为避免自变量的选取出现冗余现象，本书对中国金融供给总量做了一个近似处理，直接选取金融机构各项贷款作为衡量中国金融供给总量的指标。由于银行贷款为中国金融体系中最主要的金融供给形式，其在数量上也显著大于其他形式的金融供给总和，因此本书所做的这一近似处理不影响回归结果。相应地，本书同样采用居民消费价格指数对金融机构各项贷款进行价格影响的剔除，并用经价格调整的金融机构各项贷款环比增长率代表中国金融供给增量。

本书根据已选取的指标进行相应的数据整理。由于我国自1949年中华人民

---

① 当然，由于国家财政中只有一部分用于达成并维持中国金融体系的稳定，因此事实上国家财政决算支出与中国金融体系稳定成本之间不是一比一的对应关系，而是存在一个比例，但是，由于本书只讨论几个变量之间是否存在长期相关关系，因而只关注自变量系数是否显著不为零，其大小在本书的分析中不具有具体含义，因此，这里只要国家财政决算支出与中国金融体系稳定成本之间具有对应关系即可，不要求两者在数值上的相等。

② 当然，国内生产总值指数与中国金融需求总量之间也不具有一比一的严格对应关系，但与脚注①的原因相一致，本书只探讨自变量与因变量之间是否具有长期相关关系，因此此处也只要求国内生产总值指数与中国金融需求总量具有对应的关系，并不拘泥于数值上的相等。

共和国成立至 1978 年党的十一届三中全会召开之前，金融体系基本在国家的行政指令之下运行，其间，我国的金融稳定现象以及金融稳定的达成与维持机制均没有显著变化，因此本书的实证分析重点主要集中于这个时期之后。我国在 1978 年宣布实行改革开放政策之后，市场化进程有了实质性推进，1978 年对于中国经济的市场化来说是最为重要的转折点，因此本书的数据分析以 1978 年作为起点。由于本书在对原始数据进行环比增长率计算时需将上一年的数据作为计算基数，因而缺少 1978 年的增长率数据，而事实上党的十一届三中全会的召开时间在 1978 年底，市场化改革的进程正是始于 1979 年，因此本书选取 1979～2020 年的增长率数据对上述模型进行实证分析。

5.2.2　模型的相关检验

根据上文整理的指标及数据，本书对市场化进程中的中国金融稳定成本进行时间序列分析。为确定本书所使用的时间序列的平稳性，首先对其进行单位根检验。其中，RGOV 表示国家财政决算支出增长率，RGDP 表示国内生产总值指数增长率，RLOAN 表示金融机构各项贷款增长率。检验结果如表 5-5 所示。

表 5-5　变量的单位根检验结果

变量	检验形式（C，T，K）	ADF 值	临界值 10%	临界值 5%	P 值	检验结果
RGOV	（C，T，1）	−3.8046	−3.2184	−3.5684	0.0303	平稳
RGDP	（C，T，3）	−3.5558	−3.2253	−3.5806	0.0526	平稳
RLOAN	（C，T，3）	−4.9993	−3.2253	−3.5806	0.0021	平稳

注：检验形式（C，T，K）代表单位根检验时选取的截距项、时间趋势项和滞后期数，C 取 0 表示检验中没有常数项，T 取 0 表示检验中没有时间趋势项，K 表示 SIC 准则选择的滞后期数。

根据上述检验结果可知，RGOV、RGDP 和 RLOAN 的时间序列水平数据均为平稳过程。因此，可以对中国金融体系稳定成本增量、中国金融需求增量与中国金融供给增量进行相关关系的检验。对上述变量的格兰杰因果关系检验结果如表5-6所示。

表5-6　格兰杰因果关系检验结果

原假设	滞后期	观察值	F 值	P 值
RGDP 不是 RGOV 的格兰杰原因	1	31	0.8046	0.3774
RLOAN 不是 RGOV 的格兰杰原因	1	31	0.3008	0.5877
RGDP 不是 RGOV 的格兰杰原因	2	30	1.2668	0.2992
RLOAN 不是 RGOV 的格兰杰原因	2	30	2.1047	0.1430
RGDP 不是 RGOV 的格兰杰原因	3	29	2.0294	0.1391
RLOAN 不是 RGOV 的格兰杰原因	3	29	1.8332	0.1706
RGDP 不是 RGOV 的格兰杰原因	4	28	2.4610	0.0804
RLOAN 不是 RGOV 的格兰杰原因	4	28	2.4538	0.0810
RGDP 不是 RGOV 的格兰杰原因	5	27	1.7480	0.1809
RLOAN 不是 RGOV 的格兰杰原因	5	27	11.7364	0.0001
RGDP 不是 RGOV 的格兰杰原因	6	26	1.4342	0.2745
RLOAN 不是 RGOV 的格兰杰原因	6	26	9.3448	0.0004
RGDP 不是 RGOV 的格兰杰原因	7	25	1.4690	0.2804
RLOAN 不是 RGOV 的格兰杰原因	7	25	8.4333	0.0016
RGDP 不是 RGOV 的格兰杰原因	8	24	2.3403	0.1397
RLOAN 不是 RGOV 的格兰杰原因	8	24	5.3210	0.0201
RGDP 不是 RGOV 的格兰杰原因	9	23	1.6936	0.3218
RLOAN 不是 RGOV 的格兰杰原因	9	23	2.4883	0.1971

注：表中的格兰杰因果关系检验结果是根据原始数据检验得来，使用的软件是 Eviews6.0。

　　根据上述检验结果可知，从 RGDP 到 RGOV 自滞后四阶开始存在格兰杰因果关系，随后至滞后五阶两者之间的格兰杰因果关系消失，这表示若不考虑其他因素，中国金融需求增量对中国金融体系稳定成本增量的影响从滞后四阶开始发生作用；从 RLOAN 到 RGOV 自滞后四阶开始存在格兰杰因果关系，至滞后九阶两者之间的格兰杰因果关系消失，这表示若不考虑其他因素，中国金融供给增量对中国金融体系稳定成本增量的影响从滞后四阶开始发生作用。总体上来看，RGDP 和 RLOAN 都与 RGOV 存在格兰杰因果关系，因而它们之间可能存在相关关系。

5.2.3 模型设立与回归结果

鉴于 RGDP、RLOAN 及 RGOV 的时间序列水平数据均为平稳过程，且 RGDP 和 RLOAN 均与 RGOV 存在格兰杰因果关系，因此可以将 RGDP 和 RLOAN 作为解释变量、RGOV 作为被解释变量建立回归模型。本书先根据基础数据建立一个简单形式的回归模型进行时间序列分析。在模型 1 中，若仅以 RGDP 和 RLOAN 为解释变量，则模型存在明显的自相关问题，因此通过加入 RGOV 的滞后项的方式来校正由此带来的偏差。当加入三阶滞后项时，由自相关带来的偏差得以校正。同时，在模型 1 的基础上去掉常数项建立模型 2 作为对比模型。

接着，从模型 3 开始对带常数项的基本模型逐次加入虚拟变量，滞后项的阶数取决于 DW 值所显示的自相关偏差校正效果，对每一个新建的模型，选取令 DW 值接近于 2 时的因变量滞后阶数。模型 3 先对 1984 年的断点进行邹至庄断点检验，在基本模型中加入两个虚拟变量——D1984 * RGDP 和 D1984 * RLOAN，对回归方程进行邹至庄断点检验，结果显示在 1984 年存在显著的断点，因此模型 3 是在基本模型的基础上加入了表示 1984 年断点的两个虚拟变量，同时加入 RGOV 的一阶滞后项和三阶滞后项以校正自相关偏差。

类似地，构建模型 4 对 1995 年的断点进行邹至庄断点检验，在基本模型中加入 RGOV 的一阶滞后项、二阶滞后项和三阶滞后项对自相关偏差进行校正，并加入虚拟变量 D1995 * RGDP 和 D1995 * RLOAN 对回归方程进行邹至庄断点检验，检验结果显示 1995 年存在显著断点，但在不考虑其他断点的情况下，1995 年的断点只显著影响了中国金融需求增量对中国金融体系稳定成本的作用。

模型 5 对 1998 年的断点进行邹至庄断点检验，仍在基本模型的基础上加入

RGOV 的一阶滞后项、二阶滞后项和三阶滞后项对自相关偏差进行校正，并加入 D1998 * RGDP 和 D1998 * RLOAN 两个虚拟变量。对回归方程进行的邹至庄断点检验结果显示 1998 年存在显著断点，但在不考虑其他断点的情况下，1998 年的断点只显著影响了中国金融需求增量对中国金融体系稳定成本的作用。

模型 6 检验 2004 年的断点，在基本模型中加入 RGOV 的一阶滞后项、二阶滞后项和三阶滞后项对自相关偏差进行校正，并加入 D2004 * RGDP 和 D2004 * RLOAN 两个虚拟变量。对回归方程进行的邹至庄断点检验结果显示，在不考虑其他断点的情况下，2004 年也不存在显著断点。

上述模型 3 至模型 6 分别单独考虑了 1984 年、1995 年、1998 年和 2004 年四个断点的情况，模型 7 在此基础上同时对全部断点进行邹至庄断点检验。在基本模型的基础上加入代表四个断点的共八个虚拟变量：D1984 * RGDP、D1984 * RLOAN、D1995 * RGDP、D1995 * RLOAN、D1998 * RGDP、D1998 * RLOAN、D2004 * RGDP 和 D2004 * RLOAN。对加入全部虚拟变量的回归方程进行邹至庄断点检验，检验结果显示在 1984 年、1995 年、1998 年和 2004 年均存在显著断点，因此将模型 7 的形式确定为在基本模型的基础上加入表示四个断点的共八个虚拟变量。

根据 1979~2010 年三组时间序列的单位根检验及格兰杰因果关系检验结果，本书使用 Eviews 软件建立七个回归方程考察三组变量之间的相关关系，回归结果如表 5-7 所示。

表 5-7　模型回归结果

解释变量	模型 1	模型 2	模型 3	模型 4	模型 5	模型 6	模型 7
C	0.0606 (0.9614)		0.0869 (1.5220)	0.0786 (1.4256)	0.0289 (0.4973)	0.0540 (0.8737)	−0.0777 (−1.4010)
RGDP	0.2624 (0.6476) *	0.5414 (1.8692) *	1.4669 (2.3298) **	−0.3596 (−0.7812)	0.0372 (0.0806)	0.1754 (0.4061)	2.7815 (3.3406) ***

续表

解释变量	模型1	模型2	模型3	模型4	模型5	模型6	模型7
RLOAN	0.2335 (2.5360)	0.2585 (2.9265)***	−1.8011 (−2.6370)**	0.0112 (0.0694)	0.2496 (1.7430)*	0.2256 (1.8867)*	−1.1993 (−1.9202)*
D1984 * RGDP			−1.6102 (−3.2345)***				−2.2894 (−2.8933)***
D1984 * RLOAN			2.0188 (3.0529)***				1.6715 (2.7164)**
D1995 * RGDP				0.6607 (1.9041)*			−0.4268 (−0.4977)
D1995 * RLOAN				0.2961 (1.2254)			0.6207 (0.9965)
D1998 * RGDP					0.9334 (2.1752)**		4.1113 (3.2680)***
D1998 * RLOAN					−0.0497 (−0.2292)		−1.8513 (−2.2597)**
D2004 * RGDP						0.3175 −0.6706	−2.5391 (−2.4779)**
D2004 * RLOAN						0.0269 (0.1300)	1.2101 (2.0067)*
AR（1）	1.1391 (5.6215)***	1.1510 (5.7210)***	0.9777 (6.9800)***	0.7343 (3.0039)***	0.7996 (3.3038)***	1.1150 (5.0994)***	
AR（2）	−0.5988 (−2.4785)**	−0.6157 (−2.6112)**		−0.3866 (−1.4294)	−0.4327 (−1.7955)*	−0.5935 (−2.2488)**	
AR（3）	0.2413 (1.5556)	0.2652 (1.7545)*	−0.2414 (−1.7015)*	−0.1695 (−0.7793)	0.0893 (0.4624)	0.2125 (1.2480)	
R^2	0.7341	0.7233	0.7559	0.7466	0.7520	0.7423	0.7583
adj-R^2	0.6763	0.6772	0.6893	0.6622	0.6693	0.6563	0.6433
F	12.7004***	16.9911***	11.3527***	8.8402***	9.0967***	(8.6396)***	(6.5897)***
DW	1.9415	1.9447	1.8363	2.0603	1.8154	1.9128	2.1059

注：括号中的数值是t统计量。*表示回归结果在10%的水平下显著，**表示回归结果在5%的水平下显著，***表示回归结果在1%的水平下显著。

上述七个模型的回归结果显示，国内生产总值指数增长率、金融机构各项贷款增长率与国家财政决算支出增长率之间存在相关关系。但模型 1 与模型 2 的系数均不显著，当后续模型根据邹至庄断点检验结果加入若干组虚拟变量之后，回归系数变得显著，对断点的考虑使回归模型发生显著变化。其中综合效果最好的是模型 7，拟合优度、回归系数以及 DW 值等各项检验指标都比较好。这说明 1984 年中国人民银行恢复央行地位、1995 年《中华人民共和国中国人民银行法》和《中华人民共和国商业银行法》的颁布实施、1998 年信贷管理方式的转变以及 2004 年国有商业银行的股份制改革均对中国金融体系的稳定成本具有重要影响。

本书所选取的四个断点都是我国市场化进程中的重要时点，模型 7 是在基本回归模型中考虑上述全部断点并加入相应的虚拟变量之后得出的最优模型。上述回归结果表明，从总体上看，随着中国金融体系市场化进程的推进，对于新增的每一单位金融供给与金融需求，相应新增的用于达成并维持中国金融体系稳定的成本显著降低。

6

中国金融稳定的市场逻辑

当前的中国金融体系基本是在国家的主导下运行的，但是随着体制外金融的增长，中国金融体系一旦受到外来冲击，其稳定的长期性可能会受到影响。而一个国家或地区所要求的并非金融体系短暂呈现的稳定状态，而是在长期中保持金融体系的稳定，这就对达成并维持金融体系稳定的成本提出了要求。金融体系对稳定的要求事实上表现为在长期中以一个较低的成本达成并维持金融稳定。中国金融体系需审视自身的内在稳定机制，按照长期维持低成本稳定的要求筑牢金融体系的稳定根基。

6.1　中国金融体系的现状

6.1.1　体制外因素

随着中国改革开放的推进，中国经济不再完全由国家主导，体制外经济随之增长。与体制外经济增长相对应，体制外金融需求也随之增加，体制外金融需求部分地与一定比例的体制内金融供给相匹配，倘若与之匹配的体制内金融供给无法以同样快的速度增长，则体制外经济的增长必然外生出体制外金融供给，从而不利于中国对当前金融体系稳定性的维持。

一般地，在市场化改革进程中，只要体制外经济符合国家的总体规划，就会得到国家的允许乃至鼓励，它们的经济活动不与国家和全体公民的效用相悖。相应地，顺应体制外经济的发展而产生的体制外金融需求也是顺理成章的，虽然这部分金融需求的形成可能有市场因素的影响，但是其本身并不含有明显的不稳定因素。特别是体制外金融需求中能够与体制内金融供给相匹配的部分，与体制内金融需求类似，能够促成金融稳定的达成。

体制外金融供给则不同，它们游离于国家主导科层体系之外，尚处于监管真空，若与国家和全体公民的效用相悖，国家无法对其进行纠偏，即此时即使体制外金融供给与部分体制外金融需求在市场主导下达成均衡，也不存在确保金融供求数量稳步增长的机制，甚至无法避免其波动，因而难以达成稳定。除此之外，体制外金融供给自身还带有不稳定因素，即当体制外金融机构由于受到冲击而面临倒闭风险时，可能无法及时获得指导和救助。

具体地说，一方面，与缺乏国家主导的西方金融体系相似，体制外金融供给与部分体制外金融需求在市场机制主导下容易达成均衡，但是难以避免金融供求数量的波动；另一方面，体制外金融供给缺乏国家认可与监督的状态决定了它们在遭遇风险时不具备来自国家的救助机制，甚至可能缺乏有效的预警机制，其存在本身就成为金融体系中的不稳定因素。因此，体制外经济的增长带动了体制外金融需求，而体制外金融需求本身并不具有明显的不稳定因素，它们与体制内金融供给一样可以达成趋好的供求匹配，只有体制外金融需求与未获得合法地位的体制外金融供给之间的匹配才可能扰乱金融体系的稳定。中国金融体系的体制外金融形式伴随着市场化进程中体制外经济的增长而产生，但是只有体制外金融供给才是使金融体系面临不稳定风险的直接来源。

6.1.2 长期维持

中国金融体系在过去与当前保持着良好的稳定性表现，即使出现对金融体系稳定性造成负面影响的外部冲击，国家也将力争帮助金融体系应对冲击从而使其保持在稳定状态。但倘若对金融体系的负面冲击超过国家能够应对的范围，除国家主导机制之外甚至没有一个可替代的缓冲机制，这就对维持长期金融稳定提出了挑战。

6.1.3 高成本

中国金融体系满足金融稳定的基本要求，在国家的主导下，金融供给与金融需求达成匹配并稳步增长，即国家的主导使中国的金融体系可以实现量上的供求匹配和质上的金融稳定。

但市场均衡与制度均衡下金融供求的匹配在运行成本上具有显著的差别，其中，市场机制下的供求均衡由于其自发达成的性质而具有相对较低的成本要求，而国家主导下的制度均衡是在各方博弈后最终形成金融供求决策，制度均衡下的金融供求匹配可能需要更大的成本。

从金融供给的角度来看，金融机构作为资金与金融服务的提供方，国家主导着它的金融供给行为。但是，一方面，国家的决策在金融机构内部传导会由于种种原因产生不自觉的衰减与变形，另一方面，金融机构在贯彻国家意图的同时可能会受到地方政府和其他因素的影响，使最终行为结果产生偏差，所以国家必须建立强大的行政领导机关与监管系统，以保证国家的金融供给与需求意愿得以满足。以中国人民银行为例，它有着庞大的分支机构体系，形成了总行、大区分行（营业管理部）、省会中心支行、地市中心支行和县级支行的复杂的层级结构，把管理范围的触手从中央一直延伸到县域。"三会"也各自形成了一套自上而下的庞大监管体系。这样的组织结构在使国家意志得以较为顺利地得到执行的同时也使维护金融体系稳定需要较高的管理成本。

从金融需求的角度来看，因为中国以国有经济为主导，体制内经济成分占比较高，所以国家对金融需求的调节是有效的。国家既可以对经济发展方式、经济结构进行调节，也可以从一个较长的时间维度上对企业和个人的金融需求进行跨期配置。但是，值得注意的是，任何对经济的干预都是有成本的，成本一方面来源于层层干预的行政成本，另一方面来源于行政干预的试错成本。行政干预的试错成本多体现为社会成本，其很难在实践中计算，甚至发生与否也难以判断，但是国家进行金融需求调节的行政成本却是必然存在的。为了使国家的调控指令得以落实，国家也不得不建立若干条委托—代理链条，将指令向下传达。维持指令传导机构与保证指令向下有序传导也可能会耗费较大的行政成本。

6.1.4 模型解析

当然，当前中国金融体系中的体制内金融供给足以满足全部的体制内金融需求和一部分符合条件的体制外金融需求，另一部分无法从体制内金融那里获得金融供给的体制外金融需求则转向体制外金融提供的供给，从而最终金融供求达成均衡。同时，由于金融体系内占绝大部分比例的金融形式是体制内金融，因此仍然是一种国家主导下的金融体系。在这种情况下，金融体系内既达成了金融供求的匹配，又达到了金融体系的稳定。用含有金融供给函数和金融需求函数的联立方程组表示由体制内金融作为主体，同时辅以体制外金融形式的金融体系，则有：

$$S_c = S_c\ (Q,\ P)：Q = \overline{Q_1},\ P = \overline{P_1} \tag{6.1}$$

$$S_m = S_m\ (Q,\ P)：Q = Q_s\ (P) \tag{6.2}$$

$$D_c = D_c\ (Q,\ P)：Q = \overline{Q_2},\ P = \overline{P_2} \tag{6.3}$$

$$D_m = S_c\ (Q,\ P)：Q = Q_d\ (P)\ + \overline{Q_1} - \overline{Q_2} \tag{6.4}$$

$$S = S_c + S_m \tag{6.5}$$

$$D = D_c + D_m \tag{6.6}$$

$$Q \geq 0 \tag{6.7}$$

$$P \geq 0 \tag{6.8}$$

其中，前四个方程界定了体制内金融供给、体制外金融供给、体制内金融需求和体制外金融需求的范畴。式（6.1）是体制内金融供给函数，这部分金融供给是由国家决定的，S_c 表示体制内金融服务的供给，$S_c = S_c$（Q，P）表示 S_c 是 Q 和 P 的函数，$\overline{Q_1}$ 表示金融供给数量的一个常量，$Q = \overline{Q_1}$ 表示 Q 是常量且等于 $\overline{Q_1}$，$\overline{P_1}$ 表示金融供给价格的一个常量，$P = \overline{P_1}$ 表示 P 是常量且等于 $\overline{P_1}$；式（6.2）是体制外金融供给函数，由市场决定，S_m 表示体制外金融服务的供给，$S_m = S_m$（Q，P）表示 S_m 是 Q 和 P 的函数，Q_s（P）表示 Q_s 是 P 的函数；式（6.3）是体制内金融需求函数，表示由国家决定的金融需求，D_c 表示金融服务的需求，D_c（Q，P）表示 D_c 是 Q 和 P 的函数，$\overline{Q_2}$ 表示金融供给数量的一个常量，$Q = \overline{Q_2}$ 表示 Q 是常量且等于 $\overline{Q_2}$，$\overline{P_2}$ 表示金融供给价格的一个常量，$P = \overline{P_2}$ 表示 P 是常量且等于 $\overline{P_2}$；式（6.4）是体制外金融需求函数，其中的一部分金融需求是由市场决定的，D_m 表示体制外金融服务的需求，$D_m = D_m$（Q，P）表示 D_m 是 Q 和 P 的函数，Q_d（P）表示 Q_d 是 P 的函数，所不同的是，这里的 Q_d（P）仅代表一部分体制外金融需求，另一部分为 $\overline{Q_1} - \overline{Q_2}$。

第五及第六个方程定义了金融供给与金融需求，式（6.5）表示 S 由 S_c 和 S_m 两部分构成，即金融体系内的全部金融供给是体制内金融供给与体制外金融供给之和；式（6.6）表示 D 为 D_c 与 D_m 之和，即金融体系内的全部金融需求由体制内金融需求与体制外金融需求两部分构成。最后两个方程是约束条件，式（6.7）和式（6.8）是为了确保 Q 和 P 有实际意义。

从式（6.1）和式（6.4）可以看出，体制内金融供给与体制内金融需求并不相等。事实上，前者应比后者略大，那么相应地，体制外金融需求也略大于体制外金融供给，而且体制外金融需求远小于体制内金融需求，体制外金融供给的数量更小。体制内的金融需求与同等数量的体制内金融供给相匹配，多出的体制内金融供给用于满足其中一部分符合条件的体制外金融需求，其余的体制外金融需求则内生出体制外金融供给。由于体制内金融需求与一部分体制内金融供给的匹配、剩余的体制内金融供给与一部分体制外金融需求的匹配是国家主导的，因此全部体制内金融供给与全部体制内金融需求加上上述部分体制外金融需求之和达成一个匹配。

同时，由于体制外金融供给是由未被体制内金融供给满足的那部分体制外金融需求内生出的，因此全部体制外金融供给与未被体制内金融供给满足的那部分体制外金融需求达成另一个匹配。综合这两部分供求匹配，总体来看，金融体系内的金融供给与需求也是匹配的。当然，由于体制外金融仅占整个金融体系的较小比例，金融体系不失国家主导，因此仍然是稳定的。将上述联立方程组表示在一个以金融服务的价格为纵坐标、金融服务的数量为横坐标的平面直角坐标系中，如图 6-1 所示。

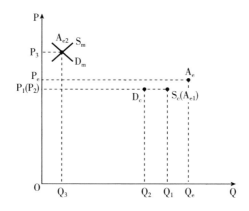

图 6-1 中国金融体系的金融供求

图 6-1 所表示的即为在任意一个时点上，加入了体制外金融但主体仍不失国家主导的金融体系的金融供求匹配情况。其中，对应于式（6.1）和式（6.3），体制内金融供给曲线和需求曲线均为一点，这是因为体制内金融是由国家主导的，点 S_c 为该金融体系中的体制内金融供给曲线，表示体制内金融供给的数量

为 Q_1，价格为 P_1，点 D_c 为体制内金融需求曲线，体制内金融需求的数量为 Q_2，价格为 P_2。由于体制内金融需求完全由体制内金融供给来满足，因此 Q_1 大于 Q_2，体制内金融供给曲线 S_c 在体制内金融需求曲线 D_c 右侧。Q_1 超出 Q_2 的部分 Q_1-Q_2 用于满足一部分体制外金融需求，因此，点 S_c 本身所在的位置即为金融体系内部分金融供给与部分金融需求的一个匹配点，在点 S_c 上，全部体制内金融供给与全部体制内金融需求加上一部分体制外金融需求之和达成匹配，也将该局部匹配点命名为 A_{e1}。

另外，图 6-1 中还表示出了第二个局部匹配，即未被体制内金融供给满足的那部分体制外金融需求内生出体制外金融供给，两者达成一个局部的供求匹配。S_m 表示体制外金融供给，D_m 表示未被体制内金融供给满足的那部分体制外金融需求，两者在市场主导下事实上达成了均衡，均衡点为 A_{e2}，均衡数量为 Q_3，均衡价格为 P_3。上述两个局部供求匹配共同构成金融体系的整体供求匹配，点 A_e 为金融体系形式上的供求匹配点，Q_e 为两个局部供求匹配数量之和 Q_1+Q_3，匹配价格为两个局部供求匹配价格的加权平均数。需要说明的是，虽然在形式上存在整体金融体系的供求匹配点 A_e，但事实上，两部分金融供给与需求还是在点 A_{e1} 和点 A_{e2} 达成各自的供求匹配，前者是在国家主导下伴随着制度均衡达成的，后者是在市场主导下达成的均衡，两者基本无关联。

引入了体制外金融形式的金融体系混合了国家主导的金融供给与需求以及市场主导的金融供给与需求。与本书第 4 章 4.1 节中提到的另一种形式的混合金融体系所不同的是，前一种形式的混合金融体系是完全由国家主导的金融供给和完全由市场主导的金融需求，两种绝对决定机制的混合所得到的只能是无法匹配供求的金融体系。而该组联立方程组所描述的是金融供给和金融需求各自形成于混合机制的金融体系：首先，该类金融体系在国家主导以及内生机制下容易达成供求匹配；其次，总体上仍不失国家主导的金融体系容易达成稳定；最后，在最初由国家主导的金融体系中引入了体制外金融形式，构成了混合所有制下的金融体系。

由式（6.1）至式（6.8）构成的联立方程组基本描述了中国金融体系达成并维持稳定的激励，在中国的金融体系中混合了体制内金融供给、体制外金融供给、体制内金融需求以及体制外金融需求。但事实上，在每一个时点上，金融供给并不能够精确地等于体制内金融机构拟提供的金融供给与体制外金融机构拟提供的金融供给之和，而是还受到其他因素的影响。比如，在金融供给科层体系内处于各个层级的机构可能在向下一层级传达信息的过程中加入了对自身效用的考虑，从而使金融供给决策与国家金融供给意愿之间存在潜在偏差①，而且金融供给决策在传达过程中还可能产生信息的漏损，另外，其他来自金融供给科层体系外部的冲击也可能影响金融服务的供给。同样地，由于类似的原因，在任意一个时点上，金融服务的需求也可能并不精确地等于体制内经济主体与体制外经济主体最初制定的金融需求决策之和。

可以说，在任意一个时点上，中国金融体系中首先存在一个预期的金融供求匹配，即上文所论述的两个局部供求匹配点，它们加权得出金融体系中一个总的供求匹配点。在此基础上，由于金融供给方与金融需求方分别受到经济主体自身效用、信息漏损及外部冲击等影响，因而各自产生一个新的预期金融供给或预期金融需求。考虑了现实中各种影响的新预期金融供给与新预期金融需求可能与原有的预期金融供求匹配点有所偏差，而且还可能并不匹配。但是，国家主导的金融供给与金融需求却并不拘泥于简单的一个点，而是分别以新预期金融供给、新预期金融需求为中心发散的两个区域。若金融供给区域与金融需求区域存在相同的区间，则表明金融体系可以达成供求匹配。若用一个联立方程组表示上述金融体系的交易活动，则有：

---

① 这里之所以说偏差是潜在的，是因为在金融供给决策的层层传递中，各层级之间产生的偏差可能中和为零，因此最终执行的金融供给决策未必偏离最初的国家金融供给意愿。

$$
\begin{cases}
S_c = S_c\ (Q,\ P)\colon\ Q = \overline{Q_1},\ P = \overline{P_1} & (6.9) \\[4pt]
S_m = S_m\ (Q,\ P)\colon\ Q = Q_s\ (P) & (6.10) \\[4pt]
D_c = D_c\ (Q,\ P)\colon\ Q = \overline{Q_2},\ P = \overline{P_2} & (6.11) \\[4pt]
D_m = S_c\ (Q,\ P)\colon\ Q = Q_d\ (P) + \overline{Q_1} - \overline{Q_2} & (6.12) \\[4pt]
S_e = S_c + S_m + S\ (U_{sm},\ IL,\ IM) & (6.13) \\[4pt]
D_e = D_c + D_m + D\ (U_{dm},\ IL,\ IM) & (6.14) \\[4pt]
S\colon\ (Q - Q_s)^2 + (P - P_s)^2 = I_s & (6.15) \\[4pt]
D\colon\ (Q - Q_d)^2 + (P - P_d)^2 = I_d & (6.16) \\[4pt]
Q \geqslant 0 & (6.17) \\[4pt]
P \geqslant 0 & (6.18)
\end{cases}
$$

其中，式（6.9）至式（6.12）与前文式（6.1）至式（6.4）相同，分别表示体制内金融供给、体制外金融供给、体制内金融需求和体制外金融需求最初的金融供给或需求。式（6.13）和式（6.14）则描述了加入各种影响因素的预期的金融供给与金融需求。其中，U_{sm} 表示金融服务供给方的效用，不仅包含了体制外金融机构的效用，还包含体制内金融机构及其各层分支机构在传达或执行金融供给决策时所考虑的自身效用，IL 表示金融供给决策在科层体系内传达时所产生的信息漏损，IM 表示其他可能引起新的预期金融供给与原来的预期金融供给不同的外部冲击，式（6.13）是考虑了上述影响因素的新的预期金融供给；U_{dm} 表示金融服务需求方的效用，同样地，其中不仅包含体制外金融需求方的效用，还包含体制内经济主体在传达或执行金融需求决策时所考虑的自身效用，式（6.14）是加入了各种影响因素的新的预期金融需求。

式（6.15）和式（6.16）描述的是中国真实的金融体系。I_s 表示国家对真实金融供给的容忍度指数，即只要真实的金融供给与预期金融供给之间的偏差保持在一定范围之内，其金融供给行为仍然与国家的整体效用一致。式（6.15）

是真实情况下的中国金融供给函数，表示在任意一个时点上，真实的金融供给可以在一个以新的预期金融供给为圆心、以容忍度指数为半径的圆内即时调整。I_d 表示国家对真实金融需求的容忍度指数，即真实金融需求与预期金融需求之间的偏差只要不超过一定范围，则其金融需求行为仍与国家的整体效用相一致。式（6.16）是真实情况下的中国金融需求函数，表示在任意一个时点上，真实的金融需求可以在一个以新的预期金融需求为圆心、以容忍度指数为半径的圆内即时调整。式（6.17）和式（6.18）是确保 Q 和 P 有实际意义的约束条件。

当式（6.15）所表示的金融供给函数与式（6.16）所表示的金融需求函数有解时，则表明金融体系的供求能够达成匹配。而由于中国金融体系的供求在整体上仍不失为国家主导，真实金融供求与预期金融供求之间的偏差较小，因此，即使容忍度指数是一个很小的数值，金融体系也可以达成供求匹配，同时，国家主导下的混合金融体系也自然地能够保持稳定。将上述联立方程组表示在一个以金融服务的价格为纵坐标、金融服务的数量为横坐标的平面直角坐标系中，如图6-2所示。

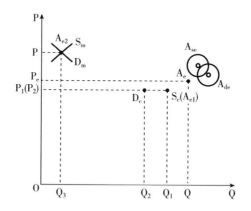

图 6-2 中国金融体系的真实供求

与图6-1相同，图6-2中的 A_e 是两个局部供求匹配点的加权平均，即上文由式（6.1）至式（6.4）构成的联立方程组的均衡解，在这里表示原有的预期金融供求。A_{se} 表示考虑了各种影响因素之后新的预期金融供给，A_{de} 表示考虑了各种影响因素之后新的预期金融需求，分别以 A_{se} 和 A_{de} 为圆心、I_s 和 I_d 为半径做圆，所得的两个圆则分别为真实情况下的中国金融供给曲线与真实情况下的中国金融需求曲线，两者重叠的区域即为使中国金融体系供求匹配的区域。当前，由国家主导的金融体系能够达成并维持稳定，但可能需要花费较高的稳定成本。

当前，随着中国市场化进程的推进，一方面，从所有制形式来看，实体经济中的体制外经济形式逐渐萌生并顺势增长，随之增加的是体制外金融需求；另一方面，从资源配置方式来看，市场机制逐渐开始主导一部分金融供给与需求的匹配。在这样的形势下，中国金融体系在面临外部冲击时便有了更大的操作空间，进而确保实现持续稳定。

6.2　市场化：强化中国金融体系的稳定性

要在长期中以一个较低成本实现中国金融体系的稳定，需要强化市场机制对金融资源的配置，在金融供求均衡中寻求金融体系的稳定。

6.2.1　市场化对中国金融体系新增体制外风险的克服

体制外风险产生于在市场化进程中新生的体制外金融形式。由于中国金融体系的市场化是一个长期改革过程，因此只有预先找到可能伴随市场化产生的体制外风险的应对之道，才能在长期中保持中国金融体系的稳定。

中国金融体系由于体制外经济的增长而面临新的不稳定风险，体制外风险的直接源头在于体制外金融供给，明显地，针对体制外金融供给的改革是中国金融体系对体制外风险的应对之道。体制外金融供给对中国金融体系稳定性的影响来自两个方面：在市场主导下与体制外金融需求匹配时稳定机制的匮乏以及其自身的不稳定因素。因此，应对体制外金融供给带来的风险就需要从上述两个方面着手。

一方面，由于体制外金融供给内生于体制外金融需求，因而可以通过降低体制外经济对体制外金融供给的需求的方式直接控制体制外金融供给的数量。要减少对体制外金融供给的需求就等同于增加这类需求的替代品，即寻求体制外金融供给之外的可以与体制外金融需求相匹配的金融供给方式，在当前稳定的中国金融体系中，这种方式意味着需要增加体制内金融供给与体制外金融需求进行匹配。与体制外金融需求相对应的是市场机制下的资源配置方式，因此体制内金融应加快顺应市场化改革，加强自身适应市场的能力，在市场交易中寻求与更多的体制外金融需求的匹配，从而在市场化的进程中延续中国金融体系中体制内金融供给的主体优势，继续保持中国金融体系的稳定。

另一方面，既然体制外金融供给已经存在于既有的金融体系中，因此可通过降低其自身不稳定性的方式抑制风险，即改变体制外金融机构缺乏合法地位与有效监管的状态。首先，国家应清查体制外金融机构的存在形式及数量，按照其自身不稳定因素的强弱筛选出稳定性相对较强的机构并认可其合法地位。其次，在确认体制外金融机构的合法身份之后，国家才能够将其纳入监管范围，进而为其提供有效的风险预警机制，及时制止其不当的金融供给行为，并在其面临倒闭风险时提供救助机制，以防止金融体系内出现严重的不稳定现象。

总之，体制外因素虽然最初产生于市场化改革的过程中，但也要在市场化的进程中予以化解。首先，作为中国金融供给主体的体制内金融机构要加快顺应市场化改革，迅速适应市场机制配置金融资源的方式，在市场交易中与更多的体制外金融需求达成匹配；其次，国家也应尽快赋予体制外金融机构合法的身份，使其与体制内金融供给在同样的市场机制下形成竞争，共同寻求与金融需求的匹配。

6.2.2　市场化与中国金融体系长期稳定要求的契合

在当前的中国金融体系中逐步引入市场机制，当金融体系受到国家难以应对的负面冲击时，即使金融供给与金融需求无法通过国家的主导在制度均衡下达成匹配，却仍可以在市场机制中寻求金融供求的均衡。因此，加入了市场机制的中国金融体系可以对外部冲击进行缓冲，有助于维持中国金融体系的稳定。

6.2.3　市场化对中国金融体系稳定成本问题的应对

依赖国家的主导力量形成的金融供求匹配需要花费较高的成本，而市场机制能够自发地达成供求均衡，那么，逐步引入市场机制，在市场中自发配置金融资源从而达成均衡模式的供求匹配不失为降低稳定维持成本的合意选择。由于市场化改革本身并不影响现有金融供给体系的所有制结构，以国有经济为主的金融供给体系仍然便于国家对金融供求进行调节，从而使两者在稳步增长的趋势下达成匹配。另外，随着市场化的推进，维护中国金融稳定的内涵将相对简化，微观层面上金融供给与金融需求的匹配得以在市场机制下自发达成，国家只需在宏观层面上把握金融供给与需求，使其保持稳步增长的发展趋势。因此，金融稳定成本也随金融稳定内涵的简化而相应降低。

6.3　中国金融稳定：市场均衡与金融稳定的统一

在宏观层面上由国家引导金融供给与金融需求的范围，同时在微观层面上由市场机制配置金融资源达成金融供求均衡，从而金融均衡点在国家的主导下形成连续向好趋势的模式可以以更低的成本达成并维持金融稳定。金融供求的市场均衡与金融稳定的统一正是中国金融体系在长期中以一个较低成本达成并维持稳定的合意状态。

随着市场化进程的推进，未来中国金融体系的稳定由国家与市场共同参与主导：一方面，微观层面的金融交易由市场主导，即通过市场机制下的金融供给与需求配置金融资源；另一方面，宏观层面的金融稳定由国家主导，即由国家引导金融供求的可行范围。可以说，在每一时点上，金融供给和金融需求都在市场机制下达成均衡，它们均为价格和数量的函数；而每一时点上金融供给、金融需求的函数形式却是在国家主导下形成的，因而两者的均衡解也在国家可以掌控的范围之内，即可以在国家的稳定预期下达成连续、趋好的均衡。若用一个含有金融供给函数和一个金融需求函数的联立方程组表示未来由市场机制配置金融资源并决定金融供求均衡，同时由国家主导稳定范围的金融体系，则有：

$$S_i = S_i\,(Q, P)\ (i=1, 2, \cdots, t)\ S_i \in \phi_i \tag{6.19}$$

$$D_i = D_i\,(Q, P)\ (i=1, 2, \cdots, t)\ D_i \in \phi_i \tag{6.20}$$

$$Q \geqslant 0 \tag{6.21}$$

$$P \geqslant 0 \tag{6.22}$$

其中，式（6.19）是任意时点 i 的金融供给函数，表示金融供给是数量与价格的函数，但时点 i 的金融供给由国家限制在了 ϕ_i 的范围之内；式（6.20）是任意时点 i 的金融需求函数，表示金融需求同样是数量与价格的函数，时点 i 的金融需求同样由国家限制在 ϕ_i 的范围之内，但任意时点 i 下由国家进行了限制的金融供给与需求在市场机制下达成均衡。由国家限制金融供给与需求范围的目的在于确保连续时点上的金融均衡形成一个连续且向好的趋势。

将上述联立方程组表示在一个以金融服务的价格为纵坐标、金融服务的交易数量为横坐标的平面直角坐标系中，如图 6-3 所示。

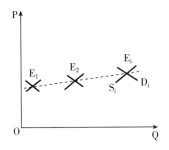

图6-3 中国金融体系的未来供求

图6-3表示连续时点上连续、向好的金融均衡，即一个时间段内的金融稳定状态。其中，S_i、D_i表示任意一个时点上金融体系中的金融供给曲线与金融需求曲线，两者在市场机制的作用下达成均衡，均衡点为E_i，即在任意一个时点上，金融资源都在市场机制下进行配置。同时，每一时点上金融供给曲线与金融需求曲线的形成却受国家的主导。因此，从微观上来看，市场机制促使金融供求达成均衡，从宏观上来看，连续时点上的金融均衡点形成一条连续的向右上方倾斜的直线，即中国金融体系在长期中达成并维持着金融稳定。

7

结　语

从过去到当前，中国金融体系一直表现出良好的稳定状态。从狭义层面上看，以往研究文献将金融稳定的外在表现描述为金融机构的稳定，事实上这是从金融供给体系的层面界定金融稳定，而中国的金融机构尽管经历了多次金融危机，却依然屹立不倒，并能够履行正常的金融功能，符合既有研究中对金融稳定状态的描述。本书进一步从一个更广义的层面对金融稳定现象进行了界定，认为金融体系的稳定不是单纯地要求金融供给体系表现出稳定的金融功能，而是包含金融供给体系、金融需求体系以及金融供求两者之间的匹配在内的整个体系的稳定，当金融供给与金融需求能够达成匹配，并使供求匹配于一个稳步增长的趋势时，才是金融体系的稳定。本书所研究的中国金融稳定问题即为针对整个金融体系稳定问题的研究。

　　本书针对中国金融稳定的现象揭示出：中国的金融体系存在现象上的矛盾和理论上的悖论。从现象上来看，在中国金融体系中，直接金融市场弱于间接金融中介，市场化进程稳步推行，但与西方主流经济学者编撰的教科书中内容相比，似乎并不符合"西方标准"，特别是其中的金融供给与金融需求并不完全由市场供求决定，在西方经济学者看来，这似乎不是一个稳定的金融体系所应该具有的运行形式。但是，长期以来，这个体系却为中国的经济发展提供了源源不绝的资金供给和金融服务，也成功应对了亚洲乃至世界范围的金融危机冲击，而且依然正常地履行着金融体系的各项功能，丝毫没有显现出不稳定的迹象。

从理论上来看，在西方经济学者一直支持的理论框架下，金融供求的市场均衡似乎是金融稳定的必要条件，只有金融体系中的金融供求达成市场均衡，金融体系才可能稳定，当供求均衡缺失时，金融体系则无法达成稳定；但中国金融体系在不具备金融供求市场均衡条件的情况下达成了金融稳定，这就构成了中国金融稳定的悖论。

在完全由市场机制主导的金融体系中，金融供求的市场均衡是金融稳定的必要条件，只有金融供给与金融需求在市场的资源配置机制下自发达成均衡，才可能达成金融体系的稳定，相对应地，无法达成金融供求均衡的金融体系不可能达成金融体系的稳定。西方市场机制下的金融体系是当前主流的金融体系表现形式，但是，除市场机制下的金融体系之外，还存在少部分其他主导机制之下的金融体系表现形式。当金融供给与金融需求一方由市场机制主导形成，同时另一方由非市场机制主导形成时，既不可能达成金融供求的市场均衡，也不可能达成金融体系的稳定。而当一国或一个地区的金融体系完全由非市场机制主导时，其金融供求也可能在行政指令下达成匹配，此时似乎更容易形成一种更优形态的金融稳定状态。

至此，中国金融稳定的悖论似乎得到了破解：金融供求的市场均衡是由市场机制主导的金融体系达成金融稳定的必要条件，中国的金融体系并不完全由市场机制主导，因此，即便不具备金融供求达成市场均衡的条件，只要金融体系中存在一种合理的机制使金融供求能够达成匹配，则也可能形成稳定状态。

事实上，中国金融体系在过去与当前之所以能够达成并维持稳定，在很大程度上缘于国家的主导。国家根据全体公民效用最大化的原则产生对金融稳定的要求，并由此形成金融供给意愿与金融需求意愿。一方面，金融供给意愿在一套具有严格科层结构的金融供给体系中层层传达，金融供给机构根据上一层级的金融供给决策执行金融供给行为，同时，金融供给体系中存在"一行两会"作为独立的纠偏机制对金融供给决策执行过程中产生的偏差进行修正，从而在最大程度上确保最终执行的金融供给决策与国家金融供给意愿相符，并符合国家及全体公民的最大效用。

另一方面，由于对金融的需求产生于实体经济，因而国家的金融需求意愿形成于对实体经济的发展规划，即国家根据全体公民效用最大化的原则形成实体经济的发展意愿，进而间接地根据实体经济的发展需要形成国家金融需求意愿。同时，国家的金融需求意愿也间接地通过对实体经济的引导予以传达，力图使最终执行的金融需求决策符合国家及全体公民的效用最大化原则。

总之，过去与当前，国家在很大程度上主导着金融供给与金融需求的形成，两者在国家的主导之下达成匹配。同时，金融体系的稳定是国家整体效用的一部分，因此国家必然力求在其行政指令下形成的金融供求匹配达成于金融稳定的范围之内。因此，中国过去与当前的金融体系基本是在国家的主导之下达成并维持着稳定状态。

但是，在完全由国家主导形成的稳定的金融体系中，其内部也包含着潜在的超稳定风险。首先，超稳定格局易面临体系崩溃的风险。当系统的稳定性受到冲击时，国家启动非正常时期的机制力图使系统恢复稳定，这样的超稳定系统的确有助于系统抵御破坏稳定的冲击，但是，一旦双重稳定机制都失效，则系统完全丧失了缓冲的余地。完全由国家主导的金融体系就是一个超稳定系统，它在正常的经济环境中能够保持金融体系的稳定，而且，即便受到外部的冲击也有一套保持稳定的机制，但是，在这样一种单一的机制下构建的超稳定金融体系却承担着"非零即一"的风险：拥有双重的稳定保障，抵御更大的不稳定冲击；一旦体系的稳定机制失效，则整个金融体系完全崩溃。

其次，在既有的超稳定格局下，一旦体制外金融的参与度增加，则基于国家主导的超稳定格局将受到挑战，进而可能无法继续维持金融体系良好的稳定性表现，即体制外金融给超稳定金融体系带来的是稳定性表现难以为继的风险，要想维持当前的超稳定格局，必须持续支付高昂的稳定达成与维持成本。

单一的国家主导与制度均衡下的金融供求匹配无法满足金融稳定对长期性和低成本的要求，与之相对，长期低成本的金融稳定就要求改变单一的国家主导与制度均衡下的金融供求匹配方式，加之金融供求的稳步增长趋势依赖于市场之外的力量，上述要求无疑都指向市场机制与国家主导的结合。

因此，在宏观层面上由国家引导金融供给与金融需求的范围，同时在微观层面上由市场机制配置金融资源达成金融供求均衡，从而金融均衡点在国家的主导下形成连续向好趋势的模式可以以更低的成本达成并维持金融稳定。综上所述，金融供求的市场均衡与金融稳定的统一正是中国金融体系在长期中以一个较低成本达成并维持稳定的合意状态。

参考文献

［1］ Aerdt Houben, Jan Kakes, Garry Shinasi. Toward a Framework for Safe-guarding Financial Stability ［R］. IMF Working Paper, 2004.

［2］ Allan M. Malz. Currency Option Markets and Exchange Rates: A Case Study of the U. S. Dollar in March 1995 ［J］. Current Issues in Economics and Finance, 1995, 1 （July）: 1-6.

［3］ Allen N. Berger, David B. Humphrey. Efficiency of Financial Institutions: International Survey and Directions for Future Research ［R］. Financial and Economics Discussion Series, Board of Governors of the Federal Reserve System, No. 1997-11.

［4］ Andrew Crockett. Why is Financial Stability a Goal of Public Policy? Maintaining Financial Stability in a Global Economy ［J］. Economic Review, 1997, Fourth Quarter: 28-30.

［5］ Andrew G. Haldane, Glenn Hoggarth, Victoria Saporta, Peter Sinclair. Financial Stability and Bank Solvency ［Z］. Federal Reserve Bank of Chicago International Conference, September 30, 2004.

［6］ Andrew Large. Financial Stability: Maintaining Confidence in a Complex World ［J］. Bank of England Financial Stability Reviews, 2003, 15 （December）:

170-174.

[7] Charles Goodhart, Boris Hofmann. Asset Prices, Financial Conditions, and the Transmission of Monetary Policy [J]. Paper Prepared for the Conference on Asset Prices, Exchange Rates, and Monetary Policy, Stanford University, 2001 (March): 2-3.

[8] Chowdhury R. H. , Maung M. Financial Market Development and the Effectiveness of R&D Investment: Evidence from Developed and Emerging Countries [J]. Research in Internationl Business and Finance, 2012, 26 (2): 258-272.

[9] Claudio Borio, Philip Lowe. Asset Prices, Financial and Monetary Stability: Exploring the Nexus [R]. BIS Working Paper, No. 114.

[10] David Hoelscher, Marc Quintyn. Managing Systemic Banking Crisis [J]. IMF Occasional Paper, No. 224, 2003.

[11] Douglas W. Diamond. Financial Intermediation and Delegated Monitoring [J]. Review of Economic Studies, 1984, 51 (July): 391-414.

[12] Douglas W. Diamond, P. Dybvig. Bank Runs, Deposit Insurance and Liquidity [J]. Journal of Political Economy, 1983, 91 (June): 401-419.

[13] Douglas W. Diamond, Raghuram G. Rajan. Liquidity Risk, Liquidity Creation and Financial Fragility: A Theory of Banking [J]. Journal of Political Economy, 2001, 109 (April): 287-327.

[14] E. Perotti, J. Suarez. Last Bank Standing: What do I Gain if You Fail? [J]. European Economic Review, 2003 (46): 1599-1622.

[15] E. Philip Davis. Towards a Typology for Systemic Financial Instability [R]. Financial Stability Review, The Austrian National Bank, 2002.

[16] Frank H. Knight. Risk, Uncertainty and Profit [M]. New York: Houghton Mifflin Company, 1921.

[17] Franklin Allen, Douglas Gale. Capital Adequacy Regulation: In Search of a Rationale [Z]. Working Paper, Financial Institutions Center at the Wharton School, 2003.

[18] Franklin Allen, Douglas Gale. Comparing Financial Systems [M]. Cambridge, MA: MIT Press, 2000.

[19] Franklin Allen, Douglas Gale. Competition and Financial Stability [J]. Journal of Money, Credit and Banking, 2004, 36 (3): 453-482.

[20] Franklin Allen, Douglas Gale. Financial Contagion [J]. Journal of Political Economy, 2000, 108 (1): 1-33.

[21] Frederic S. Mishkin. Global Financial Instability: Framework, Events, Issues [J]. Journal of Economic Perspectives, 1999, 13 (4): 3-20.

[22] Garry Schinasi. Defining Financial Stability [Z]. IMF Working Paper, No. 187, 2004.

[23] George A. Akerlof. The Market for "Lemons": Quality Uncertainty and the Market Mechanism [J]. Quarterly Journal of Economics, 1970, 84 (3): 488-500.

[24] George G. Kaufmann. Bank Failures, Systemic Risk, and Bank Regulation [J]. Cato Journal, 1996, 16 (10): 17-45.

[25] Glenn Hoggarth, J. Whitley. Assessing the Strength of UK Banks through Macroeconomic Stress Tests [J]. Bank of England Financial Stability Reviews, 2003, 14 (June): 91-103.

[26] Glenn Hoggarth, Victoria Saporta. Costs of Banking System Instability: Some Empirical Evidence [J]. Bank of England Financial Stability Reviews, 2001, 10 (June): 148-165.

[27] Irving Fisher. The Debt - Deflation Theory of the Great Depression [J]. Econometrica, 1933, 1 (4): 337-357.

［28］ J. A. Kregel. Margins of Safety and Weight of the Argument in Generating Financial Fragility ［J］. Journal of Economic Issues, 1997, 31 （June）: 543-549.

［29］ Jeremy Greenwood, Boyan Jovanovic. Financial Development, Growth and the Distribution of Income ［J］. Journal of Political Economy, 1990, 98 （October）: 1076-1107.

［30］ John Chant. Financial Stability as a Policy Goal ［Z］. Essays on Financial Stability, Technical Report No. 95, Bank of Canada, 2003.

［31］ John G. Gruley, E. S. Shaw. Financial Aspects of Economic Development ［J］. The American Economic Review, 1955, 45 （September）: 515-539.

［32］ John H. Boyd, Gianni De Nicolã. The Theory of Bank Risk Taking and Competition Revisited ［J］. Journal of Finance, American Finance Association, 2005, 60 （3）: 1329-1343.

［33］ Joseph A. Schumpeter. Capitalism, Socialism and Democracy ［M］. New York: Harper and Row, 1950.

［34］ Joseph A. Schumpeter. The Theory of Economic Development ［M］. MA: Harvard University Press, 1911.

［35］ L. Saez, X. Shi. Liquidity Pools, Risk Sharing and Financial Contagion ［J］. Journal of Financial Services Research, 2004 （25）: 5-23.

［36］ M. F. M. Canoy, Machiel F. Van Dijk, Jan J. G. Lemmen, Ruud A. De Mooij, Jürgen Weigand. Competition and Stability in Banking ［R］. Working Paper, CPB Document No. 15, 2001 （December）.

［37］ M. Gradstein, S. Nitzan, S. Slutsky. Private Provision of Public Goods under Price Uncertainty ［J］. Social Choice and Welfare, 1993 （10）: 371-382.

［38］ Mark Bagnoli, Bart Lipman. Provision of Public Goods: Fully Implementing the Core through Private Contributions ［J］. Review of Economic Studies, 1989

(56): 583-601.

[39] Maurice Obstfeld. Evaluating the Risky Consumption Paths: The Role of Intertemporal Substitutability [J]. European Economic Review, August 1994, 38 (7): 1471-1486.

[40] Mckinnon R. I., Pill H. The Overborrowing Syndrome: Are East Asian Economic Different? [M]. Cambridge University Press, 1998.

[41] Michael Foot. What is Financial Stability and How do We Get It? [Z]. The Roy Bridge Memorial Lecture Speech, The Financial Services Authority, 2003.

[42] Michael C. Keeley. Deposit Insurance, Risk and Market Power in Banking [J]. The American Economic Review, 1990, 80 (5): 1183-1200.

[43] Milton Friedman, Anna Schwartz. The Failure of the Bank of United States: A Reappraisal: A Reply [J]. Explorations in Economic History, 1986, 23 (2): 199-204.

[44] Nout Wellink, Bryan Chapple, Philipp Maier. The Role of National Central Banks within the European System of Central Banks—The Example of De Nederlandsche Bank [R]. Working Paper, De Nederlandsche Bank, 2002.

[45] Olivier De Bandt, Philipp Hartmann. Systemic Risk: A Survey [R]. European Central Bank Working Paper, 2000 (November).

[46] P. A. Volcker. Facing Up to the Twin Deficits [J]. Challenge, 1984, March-April.

[47] Paul R. Krugman. Bubble, Boom, Crash: Thieretical Notes on Asia's Crisis [M]. Cambridge, MA: MIT (unpublished), 1998.

[48] Paul R. Krugman. Increasing Returns, Monopolistic Competition, and International Trade [J]. Journal of International Economics, 1979, 9 (4): 469-479.

[49] Rene Thom. Structural Stability and Morphogenesis: An Outline of a Gener-

al Theory of Models [M] . Massachusetts: W. A. Benjamin, Inc. , 1972.

[50] Roger W. Ferguson. Should Financial Stability Be an Explicit Central Bank Objective? [Z] . Challenges to Central Banking from Globalized Financial Systems (Conference at the IMF in Washington, D. C.), 2002 (September) .

[51] S. Oosterloo, Jakob De Haan. A Survey of Institutional Framework for Financial Stability [R] . De Nederlandsche Bank, 2003.

[52] S. Oosterloo, Jakob De Haan. Central Banks and Financial Stability: A Survey [J] . Journal of Financial Stability, 2004 (1): 257-273.

[53] Sitikantha Pattanaik. The Global Financial Stability Architecture Fails Again: Sub-prime Crisis Lessons for Policymakers [J] . Asian-Pacific Economic Literature, 2009, 23 (1): 21-47.

[54] Stefan Gerlach, Frank Smets. Contagious Speculative Attacks [R] . Bank for International Settlements, CH-4002 Basel, Switzerland CEPR, 1994.

[55] Sveriges Riksbank. Financial Stability Report [R] . Stockholm,2003/2004.

[56] T. Beck, A. Demirguc-Kunt, R. Levine. Bank Concentration, Competition and Crises: First Results [J] . Journal of Banking and Finance, 2006 (30): 1581-1603.

[57] Tomasso Padoa-Schioppa. Central Banks and Financial Stability: Exploring the Land in Between [Z] . The Transformation of the European Financial System: Second ECB Central Banking Conference, 2002 (October) .

[58] Xavier Freixas, Bruno Parigi, Jean-Charles Rochet. Systemic Risk, Interbank Relations and Liquidity Provision by the Central Bank [R] . CEPR Working Paper, No. 2325, 1999.

[59] Xavier Freixas, Curzio Giannini, Glenn Hoggarth, Farouk Soussa. Lender of Last Resort: A Review of the Literature [J] . Financial Stability Review, 1999, 7

（November）：151-167.

［60］Xavier Freixas, Jean - Charles Rochet. Microeconomics of Banking ［M］. Massachusetts：MIT Press，1997.

［61］查尔斯·古德哈特. 金融稳定研究的几个新方向［J］. 中国金融，2004（17）：18-21.

［62］戴相龙，黄达. 中国金融词库（中文版第二卷）［M］. 北京：中国金融出版社，1998.

［63］戴钰. 基于多元 Logit 模型对我国银行体系脆弱性的实证研究［J］. 经济问题，2010（7）：101-105.

［64］段小茜. 国内外金融稳定有关问题研究进展与述评［J］. 财贸经济，2006（7）：49-55.

［65］樊纲. 灰市场理论［J］. 经济研究，1988（8）：3-11.

［66］樊纲. 论公有制经济中各种利益目标、利益矛盾和经济行为［J］. 中国社会科学院研究生院学报，1988（1）：3-12.

［67］樊纲. 论"国家综合负债"——兼论如何处理银行不良资产［J］. 经济研究，1999（5）：11-17.

［68］樊纲，张曙光，杨仲伟，张燕生，袁刚明. 公有制宏观经济理论大纲［M］. 上海：上海人民出版社，1994.

［69］高萍. 50 年来中国政府经济职能的变化与启示［J］. 中国经济史研究，2002（4）：14-24.

［70］国际货币基金组织. 全球金融稳定报告——主权、融资和系统流动性（2010 年 10 月）［M］. 北京：中国金融出版社，2011.

［71］国际货币基金组织. 世界经济展望——复苏、风险和再平衡（2010 年 10 月）［M］. 北京：中国金融出版社，2011.

［72］海曼·P. 明斯基. 稳定不稳定的经济：一种金融不稳定视角（第二

版）［M］．石宝峰，张慧贲译．北京：清华大学出版社，2010.

［73］何德旭．构建后 WTO 时代金融稳定的长效机制［J］．当代经济科学，2007（1）：1-10.

［74］何德旭，娄峰．中国金融稳定指数的构建及测度分析［J］．中国社会科学院研究生院学报，2011（4）：16-25.

［75］何国华，沈露．科技金融的高质量发展和金融稳定效应研究［J］．经济体制改革，2022（3）：134-141.

［76］胡援成．对外开放中的金融稳定与金融安全：一个文献综述［J］．广东金融学院学报，2008（2）：112-121.

［77］黄达．金融学［M］．北京：中国人民大学出版社，2003.

［78］黄金老．金融自由化与金融脆弱性［M］．北京：中国城市出版社，2001.

［79］黄金老．论金融脆弱性［J］．金融研究，2001（3）：41-49.

［80］江春，刘春华．发展中国家的利率市场化：理论、经验及启示［J］．国际金融研究，2007（10）：47-53.

［81］江春，吴小平．制度质量与利率市场化——来自跨国数据的实证研究［J］．世界经济研究，2010（4）：14-20.

［82］江春，许立成．制度安排、金融发展与社会公平［J］．金融研究，2007（6）：44-52.

［83］姜海川．金融结构演进比较研究［N］．对外经济贸易大学博士学位论文，2006.

［84］江晶晶．关于当前中国转变经济发展方式若干问题的探讨［J］．经济问题探索，2010（7）：187-190.

［85］江晶晶，单超．中国 M2/GDP 高比率问题研究［J］．经济科学，2010（4）：50-62.

［86］金观涛，刘青峰．开放中的变迁——再论中国社会超稳定结构［M］．北京：法律出版社，2011．

［87］金观涛，刘青峰．兴盛与危机——论中国社会超稳定结构［M］．北京：法律出版社，2011．

［88］李德伟，胡静林，王晋勇，盖建玲．十年回顾与反思——兼与华生等同志商榷［J］．管理世界，1989（3）：91-111．

［89］李辉富，蒋慧．政府主导、思想诱致与金融学术创新——转轨依赖中国金融改革的回顾与展望［J］．财经科学，2006（9）：1-7．

［90］李晓西等．改革开放 30 年重大理论问题的讨论与进展［J］．财贸经济，2008（11）：11-26．

［91］李旭东．资本流动、政策不确定性与金融稳定［J］．上海金融，2019（2）：30-38．

［92］李占风，郭小雪．金融发展对城市全要素生产率的增值效应与机制——基于资源环境约束视角［J］．经济问题探索，2019（7）：162-172．

［93］林毅夫．新结构经济学——重构发展经济学的框架［J］．经济学（季刊），2010（1）：1-32．

［94］林毅夫，蔡昉，李周．现代企业制度的内涵与国有企业改革方向［J］．经济研究，1997（3）：3-10．

［95］林毅夫，龚强．发展战略与经济制度选择［J］．管理世界，2010（3）：5-14．

［96］刘凤义．中国国有企业 60 年：理论探索与政策演进［J］．经济学家，2010（1）：27-37．

［97］刘沛．金融稳定的宏微观理论分析［J］．南方金融，2005（5）：25-27．

［98］刘鹏．中国国有银行改革的制度选择［N］．中国人民大学博士学位

论文，2008.

[99] 刘卫江．中国银行体系脆弱性问题的实证研究［J］．管理世界，2002（7）：3-11.

[100] 刘锡良，罗得志．金融制度变迁与金融稳定［J］．财贸经济，2000（3）：23-31.

[101] 陆磊．非均衡博弈、央行的微观独立性与最优金融稳定政策［J］．金融研究，2005（8）：32-43.

[102] 罗纳德·I. 麦金农．经济发展中的货币与资本［M］．陈昕，卢骢译．上海：上海人民出版社，1997.

[103] 罗纳德·I. 麦金农．经济自由化的顺序——向市场经济过渡时期的金融控制［M］．李若谷，吴卫红译．北京：中国金融出版社，1993.

[104] 罗彤华．唐代民间借贷之研究［M］．北京：北京大学出版社，2009.

[105] 潘士远，罗德明．民间金融与经济发展［J］．金融研究，2006（4）：134-141.

[106] 齐娜，陈洁．基于模糊识别的金融稳定评价体系的构建［J］．统计与决策，2006（3）：60-61.

[107] 钱颖一，黄海洲．加入世界贸易组织后中国金融的稳定与发展［J］．经济社会体制比较，2001（5）：35-44.

[108] 任志刚．亚洲新兴市场面对的金融稳定挑战［EB/OL］．www.hkma.hk.gov，2004-10-25.

[109] 宋清华．金融体系变迁与中国金融改革取向［J］．财贸经济，2001（12）：26-30.

[110] 宋清华．"十五"期间中国信贷市场发展展望［J］．中央财经大学学报，2001（4）：17-21.

［111］孙清，李东．从经济危机到金融稳定相关理论发展综述［J］．经济学动态，2008（10）：75-78.

［112］孙涛．全球金融风险与中国金融稳定——从 2006 年上半年《全球金融稳定报告》说起［J］．银行家，2006（5）：90-94.

［113］万晓莉．中国 1987~2006 年金融体系脆弱性的判断与测度［J］．金融研究，2008（6）：80-93.

［114］王爱俭，张全旺，于学伟．中国地下金融：发展现状与理论思考［J］．财贸经济，2004（7）：35-40.

［115］王廷科，冯嗣全．金融发展、金融脆弱与银行国际化［J］．财贸经济，2004（7）：25-31.

［116］王雪峰．中国金融稳定状态指数的构建——基于状态空间模型分析［J］．当代财经，2010（5）：51-60.

［117］王振山．金融效率论——金融资源优化配置的理论与实践［M］．北京：经济管理出版社，2000.

［118］威廉·N. 戈兹曼，K. 哥特·罗文霍斯特．价值起源［M］．王宇，王文玉译．北方联合出版传媒（集团）股份有限公司，万卷出版公司，2010.

［119］吴敬琏．中国改革的回顾与前瞻［J］．经济社会体制比较，2000（2）：1-5.

［120］吴军．金融稳定内涵综述及框架分析［J］．外国经济与管理，2005（3）：48-55.

［121］吴念鲁，郧会梅．对我国金融稳定性的再认识［J］．金融研究，2005（2）：152-158.

［122］伍志文．中国金融脆弱性分析［J］．经济科学，2002（3）：5-13.

［123］向新民．对金融脆弱性的再认识［J］．浙江学刊，2005（1）：190-195.

[124] 向新民. 对金融稳定定义的新认识 [J]. 中共浙江省委党校学报, 2005 (4): 84-89.

[125] 向新民. 金融异象对金融稳定的影响及其管理 [J]. 浙江学刊, 2006 (4): 194-198.

[126] 谢洪礼. 国内外经济、金融风险评价指标体系简介 [J]. 统计研究, 2000 (1): 23-27.

[127] 谢平. 中国金融制度的选择 [M]. 上海: 上海远东出版社, 1996.

[128] [英] 史蒂文·N. 杜尔劳夫. 新帕尔格雷夫经济学大辞典 (中文版第二卷) [M]. 北京: 经济科学出版社, 1996.

[129] 亚当·斯密. 国民财富的性质和原因的研究 [M]. 郭大力, 王亚南译. 上海: 商务印书馆, 1972.

[130] 叶世昌, 潘连贵. 中国古近代金融史 [M]. 上海: 复旦大学出版社, 2001.

[131] 叶祥松, 崔建华, 晏宗新, 徐忠爱, 赵卓. 宏观经济、金融稳定与产业发展——金融稳定与产业发展论坛综述 [J]. 经济研究, 2010 (3): 156-160.

[132] 叶振勇. 美国金融宏观监测指标体系的构建与运用分析 [M]. 成都: 西南财经大学出版社, 2003.

[133] 易纲. 中国金融资产结构分析及政策含义 [J]. 经济研究, 1996 (12): 26-33.

[134] 应寅锋. 金融稳定视角下的政府职能及其行为研究 [J]. 财贸经济, 2009 (7): 23-31.

[135] 于学军. 从渐进到突变: 中国改革开放以来货币和信用周期考察 (第三版) [M]. 北京: 中国社会科学出版社, 2011.

[136] 约瑟夫·斯蒂格利茨. 金融稳定与亚洲的可持续发展 [J]. 经济社

会体制比较，1998（3）．

［137］张杰．经济全球化与全球经济变局［J］．中国金融，2008（23）：85-86.

［138］张杰．市场化与金融控制的两难困局：解读新一轮国有银行改革的绩效［J］．管理世界，2008（11）：13-33.

［139］张杰．政府因素与中国金融改革［J］．中国金融，2007（3）：84.

［140］张杰．制度金融学的起源：从门格尔到克洛尔［J］．东岳论丛，2010（10）：83-96.

［141］张杰．中国货币金融演进之谜：王亚南与彭信威的解读［J］．经济理论与经济管理，2010（10）：5-11.

［142］张杰，谢晓雪．政府的市场增进功能与金融发展的"中国模式"［J］．金融研究，2008（11）：171-180.

［143］张军．"双轨制"经济学：中国的经济改革（1978-1992）［M］．上海：上海人民出版社，1997.

［144］张秋云．建国以来金融制度思想研究研究［D］．复旦大学博士学位论文，2004.

［145］张曙光．市场化与宏观稳定［M］．北京：社会科学文献出版社，2002.

［146］张亦春，佘运九．制度变迁中的银行风险分析及内部控制［J］．经济研究，1998（4）：38-41.

［147］张宇燕．国家放松管制的博弈——以中国联合通信有限公司的创建为例［J］．经济研究，1995（6）：73-80.

［148］赵保富．票号信用与品牌研究［M］．北京：中国金融出版社，2010.

［149］中国人民银行上海总部金融稳定分析小组．中国金融稳定报告（2010）［M］．北京：中国金融出版社，2010.

［150］中国人民银行金融稳定分析小组．中国金融稳定报告（2009）［M］．北京：中国金融出版社，2009．

［151］中国人民银行金融稳定分析小组．中国金融稳定报告（2010）［M］．北京：中国金融出版社，2010．

［152］中国人民银行金融稳定分析小组．中国金融稳定报告（2011）［M］．北京：中国金融出版社，2011．

［153］周业安．金融市场的制度与结构［M］．北京：中国人民大学出版社，2005．

［154］周中胜，罗正英．国外金融稳定相关理论研究述评［J］．国外社会科学，2010（2）：41-45．

［155］朱新蓉．论金融环境的可持续性［J］．中南财经政法大学学报，2000（4）：58-61．

［156］邹克，倪青山．公共科技金融存在替代效应吗？来自283个地市的证据［J］．中国软科学，2019（3）：164-173．